•• Peter Haymann
VÖGEL

Hallwag Verlag Bern und Stuttgart

Einleitung

Wer Vögel beobachten möchte, braucht nicht weit zu gehen. Er findet die verschiedensten Arten in Wäldern und Feldgehölzen, im Kulturland und in Feuchtgebieten, aber auch in Gärten, Dörfern und Städten. Welche Fülle von Vogelarten bei uns vorkommt, zeigt sich schon beim Blättern in einem Bestimmungsbuch. Es gehört zum Faszinierendsten, sich etwas eingehender mit dieser Vielfalt vertraut zu machen, zu versuchen, Vogelarten im Freien zu erkennen und zu unterscheiden. Dieses Buch soll dabei behilflich sein.

Bei der Übersetzung habe ich mich bemüht, den englischen Originaltext sinngemäß ins Deutsche zu übertragen. Um möglichst viel Information auf kleinstem Raum zu vermitteln, mußte ich mich auf einen knappen Telegrammstil beschränken, wie dies auch in der englischen Ausgabe geschehen ist. Das Bestimmungsbuch enthält eine Fülle von Artmerkmalen, welche die sichere und schnelle Bestimmung ermöglichen. Ich muß aber betonen, daß einzelne Arten auch für den geübten Beobachter schwierig zu unterscheiden sind. Viele Merkmale sind in den Abbildungen viel leichter zu erkennen als draußen. Zudem können auch innerhalb einer Art Variationen auftreten: ein Individuum kann etwas heller oder dunkler erscheinen. Die Abnutzung des Gefieders trägt ebenfalls zu Abweichungen bei. So sind Unterschiede oft weniger deutlich ausgeprägt, als wir von den Abbildungen her erwarten würden. Wer Fehlbestimmungen vermeiden will, muß genau und kritisch beobachten, vor allem wenn er einer selteneren und für ihn neuen Art auf der Spur ist.

Angaben über die Verbreitung der Vogelarten wurden in der Regel den Verhältnissen im schweizerischen und westdeutschen Raum angepaßt. Bei Zugvögeln habe ich meistens angegeben, in welchen Monaten sie sich im schweizerischen Brutgebiet aufhalten; für die Bundesrepublik sind keine großen Unterschiede zu erwarten. In beiden Ländern sind viele Brutvögel in ihrem Bestand gefährdet. Als bedrohte und seltene Arten figurieren sie auf ‹Roten Listen› und werden im Text speziell bezeichnet. Bei verschiedenen Arten wird versucht, die Stimme in Lauten wiederzugeben, wobei diese Angaben natürlich nur einen Anhaltspunkt vermitteln können.

Wer Vögel beobachtet, kommt mit seiner natürlichen Umwelt in Kontakt. Sie wird heute immer mehr vom Menschen bedroht, sehr oft aus Unverständnis. Tiere und Pflanzen, auch wir selbst, können nur überleben, wenn unser natürlicher Lebensraum in seiner Vielfalt erhalten bleibt. Wer Respekt vor der Natur empfindet, versucht so wenig Störung als möglich zu verursachen, vor allem zur Brutzeit und an Rastplätzen. Ein guter Ornithologe zeichnet sich nicht nur durch seine Kenntnisse aus, er weiß sich auch so zu verhalten, daß er keinen Schaden anrichtet!

Dr. Luc Schifferli, Schweiz. Vogelwarte, Sempach, im April 1980.

Übersetzung aus dem Englischen: Dr. Luc Schifferli
Umschlaggestaltung: Otto Juditzki

© 1980 Hallwag AG Bern
Satz: Filmsatz Lehmann + Co., Thun/Schweiz
Printed in England

Die englische Originalausgabe ist bei Mitchell Beazley Publishers Limited London, unter dem Titel THE BIRDWATCHER'S POCKET GUIDE erschienen
© 1979 Mitchell Beazley Publishers Limited

ISBN 3 444 70124 1

Wie soll das Buch benützt werden?

Wer im Freien Vögel bestimmen möchte, will keine Bücher wälzen. Unser Bestimmungsbuch soll in handlicher Form auf einfache Weise ein möglichst vollständiges Bild jeder Vogelart vermitteln. Die Artbestimmung sollte wenn möglich nicht nur auf einem einzigen Merkmal beruhen. Größe, Form, Gefiederfärbung und Verhalten ergeben zusammen ein Gesamtbild, das für jede Art charakteristisch ist. Die Abbildungen zeigen den Altvogel (Ad.), außer wenn dies ausdrücklich vermerkt ist. Wenn Männchen (♂) und Weibchen (♀) unterscheidbar sind, werden sie meistens einzeln dargestellt. Der Begleittext zu jeder Art vermittelt zusätzliche Angaben zu den Abbildungen (z.B. Stimme, Vorkommen). Im Gegensatz zu den meisten Bestimmungsbüchern sind die Arten nicht nach ihrer systematischen Reihenfolge behandelt. Sie werden im allgemeinen in Gruppen geordnet (Singvögel, Hühner, Greifvögel, Wasservögel), innerhalb dieser Gruppen so weit als möglich in zunehmender Größe und nach ihrer Ähnlichkeit. Wer also eine Art bestimmen möchte, sucht eine ähnliche Art und blättert, bis er die richtige auf den Seiten vor- oder nachher gefunden hat. Auf der letzten Sei-

Rotkopfwürger

Flügel des Rotkopfwürgers breiter und Kopf runder als Neuntöter. Ad leicht erkennbar. Juv weniger rotbraun, Schultern und Bürzel heller als Neuntöter Juv, dem er ähnlich sieht. Sitzt exponiert auf Drähten oder versteckt im Blattwerk. Verhalten und Rufe typisch würgerartig. Besiedelt offenes Buschland. Obstgärten. Bedrohte Brutvogelart.

Symbole für den Lebensraum in Deutschland und der Schweiz (siehe unten)

Silhouette (links) im Größenvergleich zu Sperling oder Taube (siehe unten)

Der Text weist auf typische Merkmale hin

Abbildungen zeigen typische Gefiederfärbung und Verhalten

Der Begleittext unter der Art ergänzt die Bildangaben. Hauptmerkmale sind kursiv gedruckt

te werden die verschiedenen Körper- und Gefiederpartien benannt und gezeigt, worauf bei der Bestimmung besonders geachtet werden soll.

Dieses Bestimmungsbuch behandelt jede Art, die normalerweise in Deutschland und in der Schweiz erwartet werden kann, insbesondere alle Brutvögel (außer Steinhuhn und Felsenschwalbe), Durchzügler, Wintergäste und einzelne Arten, die nur sehr selten oder kaum je zu beobachten sind (Irrgäste). Zudem werden verschiedene Arten der Nachbarländer, vor allem Großbritanniens, Frankreichs und einzelner nord- und osteuropäischer Länder behandelt.

 Siedlungen, Parkanlagen, Gärten, Gebäude

 Feuchtgebiete (Seen, Teiche, Gräben, Sümpfe)

 Meer, Küste, Flußmündungen ins Meer

 Landwirtschaftliches Kulturland: Wiesen, Äcker, Baumgärten, Bauernhöfe

 Wälder, Aufforstungen, Parkanlagen mit Bäumen

 Niedrige Vegetation (bis 1 m), sehr offenes Gelände, Moore und Heide

 Buschlandschaft mit oder ohne Einzelbäume bis 10 m Höhe

 Sperling-Silhouette (Größenvergleich)

 Taubensilhouette

Index der Vogelnamen

In der folgenden Liste sind die Vogelarten nach den gebräuchlichen deutschen Namen alphabetisch geordnet. Bei Zweitnamen wird auf den hier verwendeten Namen verwiesen. Abkürzungen sind auf Seite 6 zu finden.
* In Deutschland und der Schweiz bedrohte Vogelarten.

5

Abkürzungen und Fachausdrücke

(siehe auch Seite 192)

♂: Männchen; ♀: Weibchen; **Juv:** Jungvogel; **Imm:** nicht ausgefärbt; **Ad:** Altvogel; **Sub-Ad:** fast ausgefärbt; **vgl.:** vergleiche; **N/S/O/W:** Nord/Süd/Ost/West; **u.a.:** unter anderem; **ca.:** ungefähr; **inkl.:** einschließlich

Balz: Vor der Eiablage zeigen Vögel eigenartige Verhaltensweisen, die mit der Fortpflanzung in Zusammenhang stehen. Balzflugspiele, auffälliges Zeigen von besonders augenfälligen Farbpartien. **Mauser:** Da sich das Federkleid allmählich abnutzt, werden die Federn regelmäßig erneuert. **Gefiederkleid:** Verschiedene Arten haben verschiedene Federkleider. Jugendkleid (oft ähnlich wie ♀), farbenprächtiges Brutkleid, einfacheres Schlichtkleid (meist im Winter, ähnlich dem ♀). **Spiegel:** Bei Entenarten bilden die Armschwingen des Flügels einen «Spiegel», dessen Färbung für die Artbestimmung wichtig ist. **Rüttelflug:** Der Vogel steht im Flug in der Luft (z.B. Turmfalke). **Beine, Füße:** Der unbefiederte Teil des «Beines» entspricht anatomisch dem Fuß. Im Text wird er aber als Bein bezeichnet. **Irrgäste:** Arten, die bei uns kaum je auftreten, da unsere Region weit abseits ihres normalen Brut-, Durchzugs- und Winterareals liegt.

Goldhähnchen

Wintergoldhähnchen

Sommergoldhähnchen

Beide Arten sträuben bei Erregung Scheitelfedern und zeigen leuchtend orange Federn.

Wintergoldhähnchen

Wirkt im Flug winzig. Flügel kurz, rundlich; Schwanz leicht gegabelt; dunkles Flügelfeld mit 2 weißen Binden.

Wintergoldhähnchen

Im hellen Gesicht des Wintergoldhähnchens fällt das große, dunkle Auge auf; der schwarze Streif und der gelbe Scheitel sind eine unverwechselbare Kombination.

Wintergoldhähnchen

Gesicht hell

Wintergoldhähnchen

Weißer Streif

Sommergoldhähnchen

Der weiße, schwarz gesäumte Überaugenstreif verleiht dem Sommergoldhähnchen einen besonderen Ausdruck. Nacken kupferfarben.

Beide Arten turnen gewandt im Geäst. Erbeuten schwirrend Fluginsekten; lesen Blattläuse von Blattunterseite ab.

Als *kleinste Arten Europas* zeigen Sommer- und Wintergoldhähnchen viele Gemeinsamkeiten. Futtersuche hauptsächlich in den Baumwipfeln (v.a. Nadelbäume). Sie jagen aber auch in niedriger Vegetation oder Gebüsch. Im Winter gerne in Gesellschaft von Meisen. Können sehr zutraulich werden. Wintergoldhähnchen ruft schrill, scharf «si-si-si». Gesang: ein Crescendo von «psi»-Lauten, am Schluß trillernd. Sommergoldhähnchen am Crescendo von schnellen «sit»-Tönen erkennbar. Beide Arten sind in Nadel- und Mischwäldern verbreitet. Wintergoldhähnchen eher häufiger, auch im Winter zu beobachten. Sommergoldhähnchen überwintert selten. Zug während der Nacht, auch Alpenpässe werden überflogen.

Zaunkönig

Flug direkt, schnell, schwirrend

In der Regel jährlich 2 Bruten mit je 6 Jungen

Schwanz steil aufgerichtet

Schnabel leicht gebogen

Heller Augenstreif

Bei der Futtersuche typische Kauerhaltung, aufgeplustert.

Nest in Wurzelwerk, Böschung oder Efeu

Bräunliche Oberseite, unten gräulich. Schnelle, ruckartige Bewegungen *erinnern an eine Maus.* Oft auf Ast in Bodennähe zu sehen, knicksend, mit *aufgerichtetem Schwanz.* Ruft laut «tit-tit-tit», manchmal übergehend in scharfes Zetern. Gesang laut schmetternd. Weit verbreitet an Waldbächen; oberhalb der Baumgrenze in Zwergsträuchern. Meist Standvogel.

Heckenbraunelle

Kopf grau

Schnabel fein

Streifen (vgl. Hausspatz)

Flügelbinde kann fehlen

Spatzenähnlich, aber mit grauem Kopf und Unterseite; Flanken gestreift, Schnabel fein und Auge orange.

Flug langsam, leicht wellenförmig. Grauer Kopf und Rückenstreifung oft auffällig.

«Kriecht» bei der Futtersuche am Boden.

Bei der Frühlingsbalz zuckt ♂ abwechselnd mit jedem Flügel.

Ähnlich dem Haussperling, aber viel unauffälliger. Lebt in Wäldern, Hecken, oberhalb der Baumgrenze in Zwergsträuchern. Bewegt sich bedächtig im Gezweig, hüpft am Boden. *Zuckt häufig mit Schwanz und Flügeln.* Ruf hoch, piepsend «tsiip»; Gesang mit Trillertönen, kurz, klirrend. Singt auch im Winter. Verbreitet, teilweise auch im Winter.

Feldsperling

Schwarzer Kehlfleck kleiner und deutlicher begrenzt als beim Haussperling; Größe variabel.

Weißes Nackenband

Schwarzer Kehlfleck

Weißes Nackenband und schwarzer Wangenfleck meist gut erkennbar.

Im Flug ähnlich dem Haussperling, aber mit weißem Nackenband und schwarzem Wangenfleck

Feldsperling hat weißere Unterseite und saubereres Aussehen als Haussperling.

Scheitel kastanienbraun

Schwarzer Wangenfleck

Deutlich kleiner, gedrungener und scheuer als der Haussperling. Geschlechter gleich. Futtersuche am Boden. Nistet meist in Baumhöhlen, seltener in Gebäuden. Flug geradlinig wie Haussperling. Ruft kurz und scharf «tschip», im Flug «tek-tek». Ziemlich verbreitet, wird aber oft übersehen. Fehlt im Innern von Städten. Standvogel.

Haussperling

Augenstreif

♀

♀ allgemein heller

♀

♂

Flügelbinde

Schulter rotbraun

Gestalt und Farbmuster variiert mit Haltung: schlank in Aufrechthaltung, gedrungen in Kauerstellung.

Flug schnell und direkt, über größere Strecken leicht wellenförmig. Juv ähnlich ♀.

Ansicht von vorn. Nur ♂ mit schwarzem Kehllatz.

Schnabel kräftig (vgl. Heckenbraunelle)

Scheitel grau

♀

Kehllatz schwarz

♂

Frech, aggressiv und schwatzhaft. Folgt dem Menschen und brütet meist in Gebäuden. Immer hungrig. Versucht zuweilen Insekten in der Luft zu fangen, oft erfolglos. Stadtvögel sind oft dunkler als die Landbewohner. Baut sein unordentliches Nest in Löchern, sehr selten offen in Hecken oder Efeu. Tschilpt, aber kein Gesang. In Menschennähe verbreitet.

Tannenmeise

Kopf verhältnismäßig groß. Kopf glänzend schwarz mit weißen Flecken an Wange und Nacken. Unterseite weißlich mit rahmfarbenen Flanken. Rücken blaugrau, bei der britischen Rasse graubraun.

Wangen weiß

Nackenfleck

Schwanz gegabelt

Schnabel fein

Kehle schwarz

Ad sammelt Bucheckern

Wange weiß. Der weiße, nicht immer erkennbare Nackenfleck ist bezeichnend.

Juv graubraun mit gelblicher Unterseite und Kopf

Eine der kleinsten Meisenarten (weniger als halb so schwer wie Kohlmeise). Ruheloser Akrobat. Legt Futterreserven an. Im schnellen, huschenden Flug sind die Flügelbinden erkennbar. Ruft deutlich «tsui», auch «sisi». Gesang: ein klares, wiederholtes «wize-wize». Verbreitet, wo Nadelbäume vorkommen. Besucht auch Gärten und Futterhäuschen.

Haubenmeise

Haube

Schwarzes Band

Fliegt beim Balzspiel ähnlich wie Grünfink um Baumwipfel

Futtersuche oft baumläuferartig am Stamm

Zimmert eigene Bruthöhle in morschem Holz. Legt 5–6 Eier.

Schwarzweiße Haube (verwaschener bei Juv) und schwarzes «C» auf der Wange

Geschlechter gleich. Erbeutet mit dem feinen Schnabel Insekten in den Nadeln.

Einzige Meise mit deutlicher Kopfhaube. Verbreitet in ausgedehnten Nadelwäldern. Die helle Unterseite, die braune Oberseite und das Gesichtsmuster sind bezeichnend. Eine typische Meise: ruhelos und akrobatisch. Legt Futterreserven an. Verrät sich am ehesten durch den Trillerruf; ruft auch «tsi-tsi-tsi». In Großbritannien auf Schottland beschränkt.

10

Sumpfmeise/Mönchsmeise

Mönchsmeise

Sumpfmeise

Kopf größer; Haube länger, russig, kaum glänzend

Scheitel glänzend schwarz, helles Flügelfeld fehlt

Mönchsmeise

Helles Feld (im Sommer weniger auffällig)

Mönchsmeise: pausbackig, Kopf gedrungener. Sumpfmeise: Kopf runder, Gefieder brauner gefärbt. Schlanker als Mönchsmeise.

Der gedrungenere Kopf der Mönchsmeise ist auch von hinten erkennbar.

Skandinavische Rasse der Mönchsmeise mit weißen Wangen und grauem Rücken

Sumpfmeise

Sumpfmeise nistet in Höhlen, die sie im Gegensatz zur Mönchsmeise nie selbst zimmert.

Größe und Form von Kopf und Haube der beiden Arten

Mönchsmeise

Typisches Profil der Mönchsmeise

Typisches Profil der Sumpfmeise

Sumpfmeise

Die beiden Arten kommen nur selten nebeneinander vor. Ein direkter Vergleich ist also kaum möglich. Die Artbestimmung ist auch bei guten Bedingungen schwierig. *Jungvögel der beiden Arten können nicht unterschieden werden.* Flug bei beiden typisch meisenartig, schnell und huschend. Im Norden ist die Mönchsmeise weißer. *Sumpfmeise ruft «psitschu», Mönchsmeise «dä-dä-dä».* Die Sumpfmeise besiedelt vor allem Gärten, Laub- und Auenwälder der Niederungen. Die Mönchsmeise bewohnt montane und subalpine Nadelwälder und feuchte Laub- und Auenwälder der Niederungen. Beide Arten sind Standvögel. Bei der Mönchsmeise gibt es zwei Rassen (Alpenmeise, Weidenmeise), die aber kaum zu unterscheiden sind.

Blaumeise

Weiße
Flügelbinde

Imponierflug zur
Balzzeit: ♂ spreizt Flügel
stark, flattert
schmetterlingsartig.

Schwarzer Augenstreif
immer deutlich.
Bauchstreif mehr
oder weniger
ausgeprägt.

Schwanz
ganz
blau

Scheitel
blau

Stellung bei
erhöhter
Aufmerksamkeit

Einzige Art mit ganz blauem
Schwanz. Flügelbinde und markantes
Farbmuster an Körper und Kopf
sind auffällig.

♂ in Balzstellung

Eine der häufigsten Meisen. Lebt im Wald, hat sich aber gut an den
Menschen angepaßt und brütet auch in Gärten. Die blauen Scheitelfedern werden bei Erregung gesträubt. Flug schnell, leicht wellenförmig,
mit ruckartigen Flügelschlägen, ähnlich wie die andern Meisen. Frißt
Insekten, Raupen und Sämereien. Gewandter Turner.

Kohlmeise

Heller Nackenfleck

Breite
Streifen

Äußerste Schwanz-
federn weiß
gezeichnet

♀: Bauchband
weniger breit

Helle Flügelbinde
und weiße Wange
im Flug deutlich

Hauptmerkmale:
Kopf auffällig
schwarzweiß.
Unterseite gelb,
Rücken gelb-
grün

Bewegt sich ge-
schickt an Nuß-
säcklein. Schwarzes
Band am Bauch
beim ♂ breiter.

Futtersuche oft
am Boden, vor
allem im Winter

Größte Meise und deshalb weniger gewandt als die kleinern Arten.
Neugierig und immer in Bewegung. Oft am Futterbrett, streitsüchtig.
Brütet gerne in Nistkasten. Scheitel des Juv bräunlicher, Wangen
gelblich. Viele verschiedene Rufe (zink-zink-zink usw). Häufig in
Wäldern und Gärten, weit verbreitet.

Schwanzmeise

Schnabel winzig

Bei Ad breiter schwarzer Überaugenstreif bezeichnend. Juv: Wangen dunkler, kein rosa.

Scheitel weiß

Nord- und osteuropäische Rasse mit rein weißem Kopf, ohne Augenstreif.

Schwanzmuster

Trupps immer in Bewegung. Überfliegen Lichtungen einzeln oder zu zweit.

Langer, gestufter Schwanz: rosa, schwarz, weiße Färbung im Flug gut erkennbar

Einzige kleine und häufige Art mit derart langem Schwanz. Abgesehen vom bezeichnenden Farbmuster an den andauernden Kontaktrufen, häufig ein trillerndes «tsurup» oder ein feines «si-si-si», zu erkennen. Verbreiteter Standvogel in unterholzreichen Wäldern, Gebüsch, Hecken und Gärten. In harten Wintern hohe Sterblichkeit. Schlafen eng aneinandergeschmiegt.

Bartmeise

Schwarzer Bartstreif

Juv viel schwärzer als ♀

Juv

♀ typische Sitzhaltung

Kommt nur im Schilf vor

Schwanz lang

♀

Grauer Kopf und Bartstreif des ♂. Farbmuster und Profil von ♂ und ♀ unverkennbar

Im unsicheren Flatterflug nur Grundfarben erkennbar. Taucht unvermittelt in Deckung.

Winzig mit *langem Schwanz. Braungelb gefärbt.* Taucht im Flug unvermittelt in Deckung. Einziger europäischer Vertreter der Timalien. Frißt im Sommer Insekten, im Winter Sämereien. Ruft «ping» (wie aneinandergeschlagene Münzen). *Kaum je abseits von ausgedehnten Schilfgebieten zu beobachten.* Seltener, teilweise neu eingewanderter Brutvogel.

13

Beutelmeise

Schnabel hell

Schwarze Maske

Einschlupf-loch

♂

Das ♂ beginnt das Nest in einem Baum über dem Wasser (oben links). ♂ und ♀ vollenden es gemeinsam

♂

♀

Rotbraunes Feld

♀

♂: Grau, schwarz und rotbraune Färbung immer erkennbar

Einziger europäischer Kleinvogel mit rotbraunem Rücken und kastanien-braunem Flügelfeld. Die Meisen haben eine andere Kehlzeichnung. Juv: Kopf und Rücken blasser als ♀.

Winzig (kleiner als Tannenmeise), lebhaft. Meist in Gebüsch und Bäumen an Gewässern. Sucht das Futter im Sommer in den obersten und äußersten Zweigen, im Winter weiter unten. Tritt oft familienweise in Gruppen auf und verrät sich am ehesten durch den *feinen «tsiip»-Ruf.* In Deutschland und der Schweiz meist durchziehend; seltener Brutvogel. Breitet sich aus.

Garten-/Waldbaumläufer

Flatternder Flug. Muster des Unterflügels selten erkennbar.

Muster der Flügel-oberseite und gebogener Schnabel typisch. Schnabel des Juv etwas kürzer, aber auch gebogen.

Das aufgeplusterte Gefieder schützt den schlafenden Vogel vor Wärmeverlust. Gute Tarnung.

Die steifen Schwanzfedern dienen beim Klettern am Stamm als Stütze.

Weg bei der Futtersuche

Oberseite rindenfarbig, Unterseite weiß, Schnabel fein, gebogen. *Winzig und mausartig. Klettert ruckartig am Stamm, meist in Spiralen.* Flug langsam, wellenförmig. Die beiden Arten sind am ehesten am *Gesang* zu unterscheiden. Waldbaumläufer (v.a. in Nadelwäldern) singt *blaumeisenartig,* Gartenbaumläufer (Gärten, Wälder) *«ti-tü-tetitri»,* ruft *«tü».*

Rotkehlchen

Blaugrau (variabel)

Brust rot

Ruckenansicht zeigt schlanken Kopf und leicht hängende Flügel

Flug leicht, wellenformig. Zuckt bei Erregung mit Schwanz und Flügeln.

Juv: Zuerst stark gefleckt, spater mit roter Brust. Bis im Okt. wird die Oberseite einfarbig.

Quirrlig und aufmerksam

In Menschennähe zutraulich, im Wald meist recht scheu. Vor allem zur Brutzeit aggressiv gegen Artgenossen. Verteidigt Territorium oft auch im Winter. Futtersuche am Boden. Knickst oft. Hochbeinig. Bei erhöhter Aufmerksamkeit aufrecht. Warnt zeternd «tick-tick» oder hoch, klagend «tsii». Singt das ganze Jahr. Verbreitet in Wäldern, Pärken, teilweise in Gärten.

Zitronenfink

♂ durch grauen Nacken, gelbgrünen Bürzel und Flugelbinden von den übrigen Finken zu unterscheiden

Zwei Flügelbinden ♀

Grau

♂

Vgl. Girlitz (gelber, stärker gestreift) ▼

Juv wie Ad. aber stärker gestreift und weniger grünlich

Grau

♀

Flügel lang (vgl. Girlitz, Erlenzeisig)

Juv

♀: Flügelmuster verwaschener als ♂

Kleiner, geselliger Fink. Bewohnt die Ränder und Lichtungen von Nadelwäldern des Jura und der Alpen (meist über 1200 m), in Deutschland selten. Oft in Gruppen, vor allem nach der Brutzeit. Im Winter in tieferen Lagen. Tänzelnder Flug. Gesang klirrend, oft im Flug vorgetragen. Ruft «tsii».

Girlitz

Kurzer Kegelschnabel

Bürzel gelb

♂

♀

♂: Kopf gelb und braun,
Brust gelb. ♀: schlichter.
Kopffarben weniger deutlich

Juv: braun gefärbt und
deutlich gestreift.
Bürzel mit gelbem Fleck.

♂ ♂ ♀

Brust des ♂ lebhaft gelb, beim
♀ blasser und deutlich gestreift

Kleinste europäische Finkenart. *Flügel relativ lang und Schwanz kurz.*
Gelber Bürzel und kurzer Kegelschnabel unterscheiden ihn vom Erlenzeisig. Rascher, leicht wellenförmiger Flug. Ruft hart, scharf «zit-zit»;
Gesang und Flugruf klirrend. Bewohnt Gärten, Parkanlagen, Hecken
und Waldränder. Liebt Nadelbäume. Verbreitet, breitet sich noch aus.

Erlenzeisig

Flügel bei ♂ und ♀ mit
gelb-schwarzer Zeichnung,
gelb im Schwanz

♀ ♂

Flug schnell, Flügel
scheinen lang und gelb
(Muster nicht erkennbar).

Turnt bei der
Futtersuche
gewandt im Ge-
zweig, immer
in Bewegung

Schwarzes
Kinn

♂

♀

♂: schwarzer Scheitel und
Kinnfleck. ♀ schlichter.
Schnabel fein, länger
als Girlitz.

Klein, etwas untersetzt. *Flügel lang. Schwanz leicht gegabelt.* Hauptfarben *schwarz, grün und gelb.* Gelb in Schwanz und Bürzel und schwarzer Scheitel (♂) unterscheiden ihn von Girlitz und Zitronenfink. Unregelmäßig verbreitet in Nadelwäldern, vor allem in höheren Lagen. Im
Winter auch im Flachland; frißt Birken- und Erlensamen. Ruft «diie»
oder «djet».

Birken-/Polarbirkenzeisig

Rot

Birkenzeisige singen im kreisenden Balzflug, aber auch von Sitzwarte aus und im normalen Flug.

Birkenzeisig
(Alpen, Großbritannien)

♂

Ohne Weiß
(vgl. Hänfling)

2 Flügel-
binden

Bürzel hell

Birkenzeisig
(nördl. Rasse)

Birkenzeisig
(Alpen,
Großbritannien)

♂: Weinrote Stirn. Brust rosa getönt. Oberseite gestreift, schwache Flügel-binden. ♀: Brust ohne Rot. Beide mit schwarzer Kehle.

Polarbirkenzeisig

♂

Bürzel weiß

Polarbirkenzeisig

Größer, Gefieder allgemein weißer, Bürzel weiß. Flügelmuster deutlicher.

♂: Brust deutlicher rosa, allgemein weißer. Flugelbinden deutlicher als bei den Birkenzeisigen.

Juv

♂

Gefieder des Birken-zeisigs wird oben durch Abnützung bis im Spätsommer dunkelbraun, unten fast weiß.

Birkenzeisig (nördl. Rasse)

Der Polarbirkenzeisig des hohen Nordens ist der größte und hellste der 3 Birkenzeisige. Der Birkenzeisig der Alpen, Zentraleuropas und Groß-britanniens ist der dunkelste und kleinste. Die nördliche Rasse des Birkenzeisigs nimmt in Färbung, Größe und Verbreitung eine Mittel-stellung ein. Alle sind klein, bei der Futtersuche (kleine Sämereien) wahre Kletterkünstler. Juv ohne schwarz an der Kehle, kein Rot an der Stirn, kommt aber meist zusammen mit den Ad vor, so daß er trotzdem erkennbar ist. Flug wellenförmig. Nomadische, zum Teil unregelmäßig auftretende Arten. Im Winter können in Deutschland beide Birkenzei-sigrassen auftreten. Der Polarbirkenzeisig überwintert meist weiter nördlich.

♂ hat mehr Schwarz und Weiß in Flügel und Schwanz als ♀

Brust rötlich (variabel)
♂

Weiß
♂

Weiß

♀

Juv gleicht dem ♀, ist aber deutlicher gestreift.

♀

Juv

Weiß

♂, ♀ und Juv haben unterschiedliche Kopfmuster

Klein. Flügel und Schwanz relativ lang mit kleinem, weißem Feld. Kurzbeinig. Kleines, dunkles Auge. Feiner Schnabel. Flug kraftvoll, etwas wellenförmig. Zwitschernder Gesang und Ruf. Im Winter in Gesellschaft anderer Finken herumstreifend. Bewohnt zur Brutzeit Kulturland mit Hecken, Gärten und Buschlandschaft bis zur Baumgrenze. Verbreitet.

Berghänfling

Gefieder schlichter als Hänfling, helle Flügelbinde

Bürzel weinrot (nur ♂)

Schnabel gelb (Winter)

♂

♀

Weiß (vgl. Hänfling)

♂

Große und Flug hänflingsartig, das Rot fehlt aber

♀

Dunkler braun als Hänfling

Futtersuche am Boden, im Winter zusammen mit Finken und Ammern

♀ hat schmale weiße Stelle an Schwanz und Flügel

Sehr ähnlich dem Hänfling, aber viel seltener. Schnabel im Sommer grau (hell beim Hänfling), im Winter gelb (dunkel beim Hänfling). ♂ und ♀ haben weniger weiß im Flügel als Hänfling und kaum weiß im Schwanz. Zwitschert häufig im Flug. Wintergast in Küstengebieten Deutschlands, selten im Binnenland. Brütet in Mooren und Sümpfen Skandinaviens. Ruf nasal.

Bergfink

♂: Orange Schultern, weiße Flügelbinden

Gelbe Achselhöhle bezeichnend

♂

Kopf und Rücken des ♂ im Sommer schwarz

Beachte Flügelbinden und weißen Bürzel. Flug unregelmäßig; fliegt schnell auf.

♀

♂

Kopf graubraun, im Nacken heller Fleck

♀ im Winter; Flügelbinden und Bürzel weiß

♂ im Frühling

Flügelzeichnung ähnlich wie Buchfink, aber weniger weiß. *Weißer Bürzel charakteristisch. Orange, weiß, schwarz und grau als typische Farben.* Sucht das Futter im Winter zusammen mit anderen Finken am Boden. Regelmäßiger Durchzügler und Wintergast, in guten Buchnuß-Jahren zuweilen in riesigen Scharen. Ruft quäkend; im Flug wie Buchfink. Brütet in N-Europa.

Buchfink

♂

2 Flügelbinden

♀

Unterflügel hell (vgl. Bergfink)

Typische Rückenansicht des ♀

Schwanz schwarz, außen weiß

Beachte die Kopfform

Schwarz

♀

♂

Flügelzeichnung auch beim schlichteren ♀ und Juv deutlich

Leuchtende Farben und Flügelzeichnung des ♂ kennzeichnend

Erscheint am Boden in Kauerhaltung gedrungen. Hüpft ruckartig; Schwanz geneigt. Kopf mit angedeuteter Haube. Futtersuche einzeln oder in Trupps (v.a. im Winter) am Boden, oft mit anderen Finken zusammen. Im *stark wellenförmigen Flug sind Flügelbinden* und grünlicher Bürzel erkennbar. Ruft laut «pink-pink», im Flug «tschip». Weit verbreitet, auch im Winter.

19

Distelfink

Kopf- (weiß, rot und schwarz) und Flügelmuster (gelb, schwarz) auch im Flug erkennbar

Schnabelspitze im Winter dunkel (♂, ♀)

Weiße Flecken

Juv: Kopf bräunlich, Flügel und Schwanz wie Ad

Singt oft von Baumspitze oder Leitungsdrähten

Typisches Bild an Distel. Frißt Samen, oft in Kopf-über-Haltung.

Lebhaft schwarz-gelbes Muster und «hüpfender» Flug typisch

Bewohnt Gärten, Hecken, Waldränder und Brachland, vor allem wo Disteln und Unkräuter vorkommen, deren Samen er mit dem spitzen Schnabel herausklaubt. *Ruf: ein flüssiges, sprudelndes Gezwitscher, «switt-switt-switt».* Gesang mit ähnlichen Motiven. Als Brutvogel vor allem im Tief- und Hügelland verbreitet. Teilweise auch im Winter.

Grünfink

Flügelzeichnung grau (nur ♂), schwarz und gelb

Gelbes Flügelfeld

Balzflug

♀ Oberseite brauner, schlichter als ♂

Juv

Schwarz und gelb

Flug stark gewellt. ♂ zeigt zur Balz «Schmetterlingsflug».

Juv gestreift, ähnlich Hausspatz ♀, aber mit gelb im Flügel

Gedrungener, kräftig gebauter Fink mit dickem Schnabel. Flügel lang, Schwanz kurz, gegabelt. Durchs Jahr *grünlich getönt*, vor allem im Frühling lebhaft gelb-grün. Aggressiv und streitlustig, vor allem am Futterbrett. Futtersuche im Winter in Schwärmen mit anderen Finken. Ruf rauh, am Ende gedehnt, nasal «swii». *Trillert.* Im Sommer und Winter verbreitet.

Gimpel

Rücken grau

Schwarze Kappe

Nacken grau

Bürzel weiß

Rot des ♂ in N-Europa leuchtender

♀

Ansicht von vorn zeigt schwarz, rot und weiß des ♂.

♀ schlichter, aber meist mit unverkennbarem ♂ zusammen

Flug langsam, leicht gewellt

Bürzel weiß

♂

Juv wie ♀, aber ohne schwarze Kappe

Alle Gimpel haben im Flug aufleuchtenden, weißen Bürzel

♂

♀

Scheu, aber dank des eindeutigen Farbmusters unverkennbar. Die Linie des Kopfes geht in den kurzen, dicken Schnabel über. Bewohnt Waldränder, Gärten und Hecken. Futtersuche meist auf Büschen und Bäumen. Frißt Samen, auch am Boden, und im Frühling gerne Knospen. *Ruft weich «püi»*, Jungvögel quiekend. Verbreiteter Brutvogel, im Winter am Futterbrett.

Kernbeißer

Nacken grau

Schnabel massig

Juv

Weiße Spitze

Weiße Flügelstellen

Weißes Flügelfeld

Schnabel bläulich (Sommer) oder hornfarben (Winter). Zeichnung der Flügel (oben und unten) und Schwanz im Flug erkennbar.

Juv: Kopfzeichnung des Ad fehlt, am Bauch halbmondförmige Flecken

Größter einheimischer Fink. *Schnabel sehr kräftig.* Flügel lang, Schwanz fast rechteckig. Schnabelform und grauer Nacken auch aus der Entfernung sichtbar. Scheu und vorsichtig. Hüpft am Boden in großen Sprüngen. Flug kräftig, leicht gewellt, oft hoch in der Luft. Am ehesten am scharfen «Zick»-Ruf zu bemerken. Versteckter Laubwaldbewohner. Kommt ans Futterbrett.

Fichtenkreuzschnabel

Metallischer Ruf im Flug, «klipp-klipp», auffällig ♂

♀: Oberseite graugrün, unten und am Bürzel gelbgrün ♀

Flügel und Schwanz bei allen dunkel. ♂: backsteinroter Körper und Bürzel

Fichtenkreuzschnabel

Typisches Bild bei der Futtersuche. Flügel sehr lang; Schwanz kurz, leicht gegabelt.

Schnabel des flüggen Juv ungekreuzt

Schottland

Oberschnabel gerade. Unterschnabel kreuzt an der Spitze

Kiefernkreuzschnabel

Der gekreuzte Schnabel ist zum Herausklauben von Zapfensamen geeignet. Der östliche Kiefernkreuzschnabel hat den kräftigsten Schnabel, Ruf tief.

Juv grünlichgelb; Brust, Kopf und Rücken reichlich gestreift

Kreuzschnäbel trinken am Boden und fressen dort heruntergefallene Zapfen.

Charakteristisches Merkmal ist der gekreuzte Schnabel, der zum Herausklauben von Samenschuppen aus Zapfen geeignet ist. Klettert papageienartig. Aus Entfernung sind der kurze Schwanz, die langen Flügel und der Ruf typisch. Langsamer Übergang vom gelbgrünen Juv-Kleid zum leuchtend roten Kleid des Ad ♂. Schnabel in Schottland, wo vor allem Föhrenzapfen gefressen werden, kräftiger als auf dem Kontinent (Fichtenzapfen). Inselartig verbreitet in Nadelwäldern der Ebene bis ins Gebirge. Brütet im Dez.–Mai, seltener in den übrigen Monaten, was mit der Samenreife zusammenhängt. Das wechselnde Angebot an Zapfen zwingt ihn zu lokalen Wanderungen. Massenwanderungen können bis nach SW-Europa reichen.

Seltene Wald- und Sumpfvögel

Lapplandmeise: Ähnlich der Mönchsmeise, aber mit russig-brauner (nicht schwarzer) Kappe, Flanken bräunlich. Etwas größer. Verhalten und Ruf ähnlich wie Mönchsmeise. In Wäldern des hohen Nordens.

Kehle russig schwarz

Hakengimpel: Erkennbar an Färbung, Form und Größe (starengroß). Massiver, aber ungekreuzter Schnabel. Doppelte Flügelbinde. Flug stark wellenförmig. Ruf dreisilbig, «ti-ti-tu». In Wäldern des hohen Nordens.

Schwanz gegabelt

Karmingimpel: Spatzengroß mit kurzem, dickem Schnabel. ♂ durch rosarote Färbung gekennzeichnet. ♀ mit rosa getöntem Kopf und Bürzel. Lebt in Wäldern Sibiriens, seltener Gast in Westeuropa.

Schnabel kurz, dick ♂

Flügel dunkel

Schwanz dunkel

Bindenkreuzschnabel: Körper und Schnabel etwas kleiner als Fichtenkreuzschnabel. 2 breite Flügelbinden. ♀ gelblich statt rot. Ruf «fiit», oder «tschip» (weniger metallisch als Fichtenkreuzschnabel). NO-Europa. Selten bis Mitteleuropa (Invasionen).

Doppelte Flügelbinde

Rubinkehlchen: Ähnlich Blaukehlchen. Oberseite oliv-, braun. Schwanz und Flügel rundlich. ♂: Weißer Bart- und Augenstreif, Kehle leuchtend rot. ♀: Kehle hell, Augenstreif rahmfarben. Osteuropa.

Schwanz einfarbig (vgl. Blaukehlchen)

Schwacher Augenstreif

Heller Augenring

Buschrohrsänger: Schnabel und Schwanz zwar etwas länger als Sumpfrohrsänger, aber im Feld kaum von ihm zu unterscheiden. Osteuropa.

Schlagschwirl: Ähnlich Feldschwirl. Runder Schwanz mit typischer Unterseitenfärbung. Gestreifte Brust. Gesang weicher und langsamer als Feldschwirl. Osteuropa.

Schwanz rund

Drosselrohrsänger

Fächerschwanz

Rauher, sehr lauter Gesang auffällig. Vgl. Größe mit Teichrohrsänger.

Flug langsam, schwerfällig, Schwanz oft gefächert. Stößt oft mit Schilfhalmen zusammen.

Flügel sehr lang

Teichrohrsänger

Gleiche Skala wie Teichrohrsänger

Größter Rohrsänger (starengroß). Schwerfällig. Kräftiger Schnabel; ungestreift; Schwanz lang und rund.

Eindeutig *größter Rohrsänger*. Form und Gefieder wie Teichrohrsänger, aber größer und kräftiger gebaut, vor allem der Schnabel. *Bewegt sich unbeholfen.* Gesang laut, knarrend, «kara-kara-brik-brik-görk-görk». Besiedelt ausgedehnte Schilfgürtel im Tiefland. Zugvogel; von April–Sept. im Brutgebiet. Bedrohter Brutvogel.

Rohrschwirl

Heller Augenstreif

Schwanz oft aufgerichtet, was beim Teichrohrsänger nicht vorkommt; Flug schnell, knapp über dem Schilf. Ruf scharf «zick».

Unterseite rahmfarben, Kehle hell. Flügel kurz, gerundet. Schwanz ebenfalls gerundet.

Unterschwanzdecken lang, rahmfarben.

Nest im Schilf in Bodennähe

Gleicht dem Teichrohrsänger. Verwandter des Feldschwirl. *Einziger ungestreifter Rohrsänger mit einem rollenden Gesang* «rrrrrr» (ähnlich Feldschwirl, aber tiefer). Wenig größer als die anderen Rohrsänger. Flügel kurz, Schwanz deutlich gerundet. Bewohnt ausgedehnte Schilfgebiete. Bedrohter Brutvogel. Zugvogel (Apr.–Aug./Sept.).

Beim Singen
leicht aufgeplustert

Der ruckartige Flug
ist bei beiden
Rohrsängern gleich

Teichrohrsänger

Blasser
Augenstreif

Juv: Kehle etwas
heller, Unterseite stärker
rötlichbraun als Ad

Teich-
rohrsänger

Weißlich
vor dem
Auge

Beide Arten sehr
ähnlich und im Feld
kaum zu unterscheiden,
vor allem die Juv.
Flügelspitzen des Sumpf-
rohrsängers minim
länger, Unterseite
gleichmäßig hellbraun,
Beine fleischfarben
(Teichrohrsänger
grünlich bis gelblich
variabel).

Sumpfrohrsänger:
Flügelspitzen
länger

Sumpfrohrsänger

Sumpfrohrsänger:
heller Augenring

Teich-
rohrsänger

Beide Arten können
sich in dichter
Vegetation bewegen.
Teichrohrsänger neigt
sich oft kopfüber.

Sumpfrohrsänger

Das Sumpfrohr-
sängernest ist meist
an Krautstengeln
verflochten,
dasjenige des
Teichrohr-
sängers an
Schilfhalmen.

Sumpfrohrsänger

Sumpf- und Teichrohrsänger sind schlank, schlicht gefärbt, ohne Streifen. Lebhaft. Sehr schwierig zu unterscheiden. Sumpfrohrsänger eher
olivbraun; Teichrohrsänger eher rötlichbraun, scheint etwas verwaschener. Der Teichrohrsänger lebt meist im Schilf am Wasser und seiner
nächsten Umgebung; der Sumpfrohrsänger bewohnt feuchtes Dickicht
und Schilf an feuchten Standorten. Nester verschieden (Sumpfrohrsänger fast nie über dem Wasser). Bestes Unterscheidungsmerkmal ist der
Gesang. Sumpfrohrsänger melodiös, ahmt andere Arten nach; Teichrohrsänger stereotyper, vermengt «tschiri-tschiri-tschäg-tschäg»-Mo-
tive. Beide Arten sind verbreitet; beide sind Zugvögel (Apr./Mai-
Aug./Sept.).

Seggenrohrsänger

Schilfrohr-
sänger Juv

Seggenrohr-
sänger Juv

Im Flug Rücken schwarz
und sandfarben

Unterschied zum
Schilfrohrsänger:
breiter, rahmfarbener
Scheitelstreif

Scheitel- und
Augenstreif

Bürzel
gestreift

Ähnlich dem
Schilfrohrsänger,
aber gelblicher
und mit breitem
Scheitelstreif

Gleich groß wie der Schilfrohrsänger. Lebt versteckter. Aus der Nähe
scheinen die Federn, vor allem am Schwanz, spitzer. Juv mit Schilfrohrsänger Juv zu verwechseln, der einen schmalen Scheitelstreifen hat. Ruf
wie Schilfrohrsänger. Als Brutvogel in Deutschland möglicherweise seit
einigen Jahren ausgestorben, in der Schweiz seltener Durchzügler.

Schilfrohrsänger

Heller Augenstreif

Bürzel rostbraun

Im Flug Rücken
gestreift,
Bürzel einfarbig

Bürzel bei leicht
hängenden Flügeln sichtbar

Dunkle Federn
blaß gesäumt

Schilfbewohner. Kopf-
zeichnung, gestreifter Rücken
und einfarbig rostbrauner
Bürzel bezeichnend.

Aufrechte
Haltung beim
Singen

Steigt im Singflug empor
und «segelt» dann herunter

Nest im Schilf
gut versteckt

Aktiver, quirrliger Vogel, der aber gern im Versteckten lebt (ähnlich den
andern Rohrsängern). Erscheint zum Singen zuweilen an exponierter
Stelle. Form je nach Haltung schlank oder gedrungen. Fliegt niedrig,
meist über kurze Strecken, oft mit gesenktem Schwanz. Gesang laut,
warnt hart «tak». Lebt in dichter Vegetation und Schilf in Wassernähe.
Bedrohte Art.

Seidensänger

Schwanz gegen
außen stark gerundet

Weißer Augenstreif

Oberseite und Schwanz
warm rotbraun. Unterseite
gräulich. Schwanz lang,
stark gerundet.

Meist versteckt im
Dickicht, zeigt sich
aber mitunter plötz-
lich mit hochwippendem
Schwanz

An gerundeten Flügeln,
langem Schwanz und Braun-
färbung im Flug erkennbar

Kräftiger gebaut als die meisten Rohrsänger. Fliegt rasch und meist
niedrig. Zeternder Warnruf. Lauter, scharfer Gesang meist aus dem
Dickicht zu hören. Lebt in dichten Hecken, Gräben, Röhricht in Wassernähe. Südeuropäische Art, die sich in den letzten Jahren nach Norden
ausgebreitet hat. Einzelne Brutpaare in Deutschland und der Schweiz.

Feldschwirl

Im Flug Schwanz
gerundet, Flügel
fast ovalförmig

Je nach Haltung
schlank oder
gedrungen

Unterschwanzdecken
gestreift

Lange Mittel-
zehe kann
mehr als 1 Halm
umgreifen

Oberseite unschein-
bar, gefleckt

Dreht beim Singen
den Kopf, gelber
Rachen sichtbar,
Schwanz vibriert.
Blasser Augenstreif.

Verrät sich am ehesten durch seinen Gesang, der wie das Aufrollen einer
Angelschnur tönt (vgl. Rohrschwirl). Scheu, lebt versteckt in dichter
Vegetation. Kaum je zu sehen, außer wenn er singt. Bewohnt Heideland,
feuchte Hecken und Büsche mit dichter Krautschicht. In Deutschland
verbreiteter, in der Schweiz lokaler und bedrohter Brutvogel. Zugvogel.

Nachtigall

Singt mit ge-
stelltem Schwanz
und gesträubtem
Kopfgefieder

♂ spreizt bei der Balz
Schwanz und Flügel.
Bauch weißlich,
Unterschwanz
orangebraun.

Kehle und
Unterseite blaß

Juv wie Ad, aber
Oberseite und Brust
sehen schuppig aus

Ad am Nest im
Dickicht. Bei Gefahr
rauher, tiefer Warnruf,
zuckt dabei heftig
mit Schwanz und Flügeln.

Scheu, lebt versteckt in unterholzreichen, feuchten Auenwäldern und
Gestrüpp. Kaum zu sehen. Kräftiger, etwas plumper Körper. Hochbeinig. Oberseite warm kastanienbraun. Gerundeter Schwanz im Flug
erkennbar. Berühmter Gesang, tagsüber oder nachts; zuerst langsame,
wohlklingende «piü»-Reihe, gefolgt von explosivem «tschok-tschok»-
Crescendo. Brutvogel. Zugvogel.

Sprosser

Der Nachtigall
sehr ähnlich, hat
aber schwach ge-
fleckto Brust (nur von
Nahem zu sehen)

Größe und Form
wie Nachtigall.
Oberseite mehr oliv-
braun. Schwanz weniger
deutlich rotbraun
als Nachtigall.

Auffällig helle
Kehle und ge-
fleckte Brust von
vorn erkennbar

Vgl. Schwanz
mit Nachtigall

Juv wie Ad, doch mar-
kant gefleckter Rücken,
Kopf und Brust

Form, Größe und Verhalten wie Nachtigall. Weiße Kehle hebt sich von
schwach gefleckter Brust und dunkleren Wangen ab. Bauch weißlich.
Unterschwanz schmutzig orange mit rahmfarbenen Decken. Gesang
ähnlich der Nachtigall, aber ohne Crescendo. Brütet weiter im Osten
und mehr in feuchten Gebieten. In der Schweiz sehr selten. Brütet in
Deutschland lokal; bedrohte Art.

Gartengrasmücke

Meist nur kurz, von Busch zu Busch huschend zu sehen

Unterseite des Juv leicht gelblich getönt

Schwanz kürzer als Mönchsgrasmücke

Ohne auffällige Gefiedermerkmale. Kopf rundlich. Schnabel relativ kurz.

Seite leicht grau

Schwacher Augenstreif

Blasser Ring um das große, dunkle Auge

Juv

Unauffällig gefärbter Vogel in Wald und Hecken. Melodiöser Gesang, laut und variationsreich; ähnlich der Mönchsgrasmücke. Lebt auch in ähnlichen Biotopen; bevorzugt offene Buschlandschaft, Hecken und Waldränder. Steigt in den Alpen bis über die Baumgrenze, wo sie in Erlengebüsch brütet. Verbreitet. Zugvogel (Mai–Sept.).

Mönchsgrasmücke

♂

♂

Gräulich

♂ singt im dichten Blattwerk

Schwanz fällt auf im raschen, ruckartigen Flug

Braune Kappe

♂: Schwarze Kappe, Nacken und Brust gräulich, Oberseite olivbraun.
♀: Braune Kappe, Brust graubraun.

♀

♀

Kappe rotbraun

Juv

Schlank und elegant. Schwanz und Flügel länglich. Lebhaft, doch meist versteckt im dichten Blattwerk. Gesang wohltönend und variationsreich, erinnert an Gartengrasmücke; oft abgekürzt «wie-wie» («leiern»). Warnt scharf und hart «tak-tak». Verbreitet und häufig in Wäldern, Gebüsch, Hecken und Gärten. Zugvogel (Apr.–Sept.), doch einzelne überwintern.

Waldlaubsänger

Grünliche Oberseite, gelbe und weiße Unterseite bezeichnend. Der helle, breite Augenstreif ist mehr oder weniger deutlich ausgeprägt.

Im Balzflug ist das Gelb an Kehle, Brust und Flügel erkennbar.

Typische Stellung beim Singen

Nest gut versteckt in Bodennähe

Größter einheimischer grünlicher Laubsänger. Schlank und elegant, mit relativ langen Flügeln und kurzem Schwanz. Erhascht Insekten im Flug oder erbeutet sie im Rüttelflug. Singt im gleitenden Balzflug. Gesang schwirrend trillernd. Lebt in Wäldern mit reichem Blätterdach und wenig Unterholz. Verbreitet. Zugvogel (Apr.–Sept.).

Berglaubsänger

Im Flug ist der gelbe Bürzelfleck das beste Erkennungszeichen.

Oberseite graubraun, Unterseite weißlich; scheint blaß. Gelber Bürzel (variabel) hebt sich ab.

Kehle und Brust im Gegensatz zu Waldlaubsänger silbrig weiß

Gelber Schulterfleck

Schwacher Augenstreif

Beine gräulich bis fleischfarben

Kleiner als Waldlaubsänger, dem er ähnlich sieht. Zart gebauter Vogel mit relativ langen Flügeln. Langsamer, kurzer Trillergesang. Ruft «tu-id», weicher als der ähnliche, aber häufigere Fitislaubsänger. Bewohnt trockene Wälder meist an südexponierten, unterholzreichen Hängen. Brutvogel Süddeutschlands und der Schweiz. Zugvogel (Apr.–Aug.).

Gelbspötter

Schnabel orange-
hornfarben

Weitragende
Flügelspitze

Schnabel lang,
an der
Basis breit

Größer als Laubsänger,
kräftiger gebaut.
Flügel auffällig lang
(vgl. Orpheusspötter).

Helleres
Feld

♂ Kopffedern beim
Singen oft
gesträubt

Rachen orange

Juv

Unterseite
schwefelgelb

Flügel und
Schwanz lang
(vgl. Orpheusspötter)

Frißt im
Herbst gerne
Beeren

Größer, weniger zierlich als Laubsänger. Lebhaft. Gelbes Gefieder des
Ad verbleicht im Verlaufe des Sommers ins Bräunliche. Beine blaugrau.
Flug weniger eilig als Laubsänger, eher wie Fliegenfänger. Lebt in
Gärten, Parks, Hecken und an Waldrändern. Brütet in Deutschland und
der Schweiz nördlich der Alpen. Zugvogel (Mai–Sept.).

Orpheusspötter

Heller
Augenstreif

Juv gelber
(vgl. Ad)

Schnabel wie
Gelbspötter, Kopf
etwas flacher

Schwanz
und Flügel
kürzer als
Gelbspötter

Juv

Gefieder des Ad kann im
Spätsommer stark abgetragen
sein. Kräftiger Kopf und etwas
untersetzter Bau bezeichnend.

Herbst

Größer, kräftiger als Laubsänger. Vom sehr ähnlichen Gelbspötter am
besten am variationsreicheren Gesang zu unterscheiden. Beine weniger
'blau. Die beiden Arten sind geographisch getrennt. Lebt versteckt im
dichten Gebüsch, am ehesten beim Singen zu sehen. Balzflug ähnlich
Baumpieper. Brütet in der Südschweiz, fehlt in Deutschland. Zugvogel.

Fitis

Blasser Streif

Oberseite
grünlich;
unten gelb-
lich; Beine
bräunlich

Fitis und Zilp-
zalp fliegen schnell
und weichen rasch
in Deckung. Flügel
des Fitis länger.

Warnt häufig
unter Flügel-
zucken

Von unten sind
Fitis und Zilpzalp
sehr ähnlich.

Das Bodennest besteht
aus dürrem Gras.

Gleicht in Verhalten und Aussehen dem Zilpzalp. Gesang als bestes
Unterscheidungsmerkmal. Beide Arten fangen Insekten im Gezweig (in
den Kronen oder in Bodennähe, vor allem auf dem Zug), in der Luft
oder im Rüttelflug von Blattunterseiten. Fitis lebt im Gebüsch und
Jungwuchs. Verbreiteter Brutvogel (fehlt in der Südschweiz). Zugvogel
(Apr.–Sept.).

Zilpzalp

Kopf rundlich.
Flügelspitzen
kürzer als Fitis,
Beine gewöhnlich dunkler.

Juv wie Ad, aber gelb-
licher. Oberseite des
Ad olivbraun, unten
grauweiß mit gelblichem
Anflug.

Flügelspitze kürzer
als Fitis

Liederliches Kugel-
nest in Bodennähe

Typische Haltungen im Gezweig und beim
Singen. Erbeutet Insekten im Flug oder
heimlich durchs Blattwerk huschend.

Kleiner, zart gebauter Laubsänger; im Körperbau kaum vom Fitis zu
unterscheiden, Gesang jedoch unverkennbar wiederholtes «zilp-zalp».
Ruft tief, ängstlich «hüid», ähnlich wie Fitis. Bewohnt Büsche bis über
die Baumgrenze, Wälder, Parkanlagen, seltener auch Gärten. In
Deutschland und der Schweiz verbreiteter Brutvogel. Überwintert
sporadisch.

Wanderlaubsänger

Gelbweißer Augenstreif

Schnabel bräunlich,
unten gelblichorange

Feine Binde
(kann fehlen)

Flügelbinde (oft
abgenützt oder einseitig)

Langer, deutlicher
Augenstreif; größer
und länglicher als
Fitis, Kopf etwas
flacher

Beine hell,
manchmal gräulich

Fitislaubsänger

Juv oben dunkler grünlich,
unten gelblicher als Ad. Beine
blaß bis fleischfarben.

Der ähnliche Fitis
hat spitzere Flügel.

Größer als Fitis, von dem er sich durch Augenstreif und Flügelbinde(n) unterscheidet. Flug wie andere Laubsänger. Gesang schwirrend, ein wiederholtes «zi-zi» gefolgt von einem Triller. Ruft rauh «tiwi-ip» oder eindringlich «zik». Bewohnt Wälder im hohen Norden und in Nordost-europa. Außerordentlich seltener Irrgast.

Grünlaubsänger

Flügeflänge unterscheidet ihn vom Fitis
stärkerer Augenstreif vom Zilpzalp.

Deutlicher
Augenstreif

Juv viel
brauner
als Ad

Feine Binde

Klein. Graugrüne Oberseite,
helle Flügelbinde
(2. Binde sehr schwach).

Grün-
laubsänger

Kopf rundlich

Fitis

Zilpzalp (v.a. im Osten)
ähnlich gefärbt.
Vgl. Kopfform.

Beine
dunkel

Längenver-
hältnisse der
Federspitzen
(Flügel ge-
schlossen)

Zilpzalp

Sehr ähnlich dem Zilpzalp. Stirn etwas flacher. Gefieder des Ad im Herbst (wenn er auf dem Zug mit Fitis und Zilpzalp auftreten kann) oft stark abgetragen. Flug wie Zilpzalp. Ruft bezeichnend «tji-i». Bewohnt Laub- und Nadelwälder, Dickicht. Brütet lokal in Norddeutschland, in der Schweiz sehr seltener Durchzügler.

Dorngrasmücke

Steiler Singflug über Gebüsch

Im Flug lange Flügel und Schwanz erkennbar ♀

♀ am rostroten Flügel, ♀ zudem am grauen Kopf und der rosa Brust erkennbar

♂

Weiße Schwanzränder

Kehle weiß. Akrobatische Bewegungen

Beine hellbraun

Juv vor allem rostbraun gefärbt

Kopffedern bei Erregung, erhöhter Aufmerksamkeit und beim Singen oft gesträubt

Schlanker, rastloser Vogel. Bezeichnendes Kopffarbmuster, langer Schwanz. ♂ steigt im Singflug steil auf, läßt sich dann ins Gebüsch zurückfallen. Flug über längere Distanz leicht wellenförmig. Gesang kurz, melodiös, etwas kratzend. Bewohnt offenes Gelände mit Gebüsch, Hecken und Dickicht. Verbreiteter Brutvogel, ist aber stark zurückgegangen. Zugvogel.

Klappergrasmücke

Juv: Kopf grauer, Ohrregion dunkler als Ad

Kleiner und grauer als Dorngrasmücke, Schwanz kürzer ♀

Beine blaugrau (vgl. Dorngrasmücke)

Weiße Schwanzränder

Sucht lautlos Insekten im Blattwerk

♂

Kehle weiß

♀

Flügel blasser als Dorngrasmücke. ♀ verwaschen grau.

♂: Kopf im Frühling grau, Brust zuweilen schwach rosa getönt. Flügel ohne Rotbraun (vgl. Dorngrasmücke).

Ähnlich Dorngrasmücke, aber kleiner, kurzschwänziger; deutlich grauer, Flügel graubraun. Wirkt heller. Versteckter als Dorngrasmücke. Klappernder Gesang. Liebt Nadelbäume. Bewohnt dichte Vegetation, Waldränder, Jungwald. Steigt im Gebirge höher als Dorngrasmücke. In Deutschland verbreiteter Brutvogel, in der Schweiz seltener. Zugvogel (Apr.–Sept.).

Samtkopfgrasmücke

Sehr langer Schwanz und lange Flügel ergeben ein charakteristisches Flugprofil.

Schwanzränder weiß

♀: Grauer Kopf, roter Augenring, braune Oberseite

♂: Grau mit schwarzer Kappe, rotem Augenring

Juv

Juv wie ♀, Kopf jedoch braun, Augenring orange

Kehle weiß

Ruhelos und neugierig. Ruft oft. Meist versteckt und schwierig zu sehen, kann aber zutraulich werden. Auffälliges Klatschen mit den Flügeln. *Zeternder Warnruf, schnell und stotternd «stitititik».* Brütet in reichem Buschwerk der Mittelmeerküste. In Mitteleuropa nur sehr selten zu beobachten.

Weißbartgrasmücke

Juv

Winzig. Oberseite des ♂ im Flug charakteristisch blaugrau.

♂

Juv: Goldener Augenring, Unterschwanzdecken weiß

Juv

Juv: Isabellfarben an Flügel und Kehle (vgl. Dorngrasmücke)

♀ und Juv isabellfarben

Roter Augenring

♀: Roter Augenring, Unterseite rosa getönt

Graue Oberseite, weißer Bartstreif und rostrote Unterseite für ♂ typisch

♂

Winziger, zartgliedriger Vogel. Ziemlich langer Schwanz. ♂ an der Gefiederfärbung leicht erkennbar. Gefieder des ♀ recht variabel, Unterseite zuweilen blaßrot (Abbildung zeigt die Normalfärbung). Juv mit Dorngrasmücke zu verwechseln. Ruft scharf «tek-tek». Scheu. Bewohnt Gebüsche der Mittelmeerküste. In Mitteleuropa nur sehr selten zu beobachten.

Provencegrasmücke

Wirkt im Flug dunkel

Fliegt unsicher, ruckartig; Schwanz leicht angehoben

Der gestelzte Schwanz ist etwa gleich lang wie der restliche Körper.

♀ füttert einen an der Brust blassern Juv. Schwanz beim Ausfliegen kurz, erreicht in etwa 10 Tagen die volle Länge.

♀

Scheitel oft gesträubt

Auge und Augenring rot

♂

Kehle weiß gefleckt, oft aufgeplustert.

Juv kurzschwänzig

Winzig. Langer Schwanz, stummelhaft wirkende Flügel und dunkle Färbung bezeichnend. Ruheloser, quirrliger Insektenfresser. Lebt versteckt im Dickicht, verrät sich aber durch schwirrenden «tschi-ip»-Ruf. *Bewohnt offenes Heidegelände mit Ginster* im Mittelmeerraum und Südengland. In kalten Wintern große Verluste, da Standvogel.

Cistensänger

Im Flug zaunkönigartig

Stark wellenförmiger, typischer Balzflug. Ruft «zip-zip» im Aufsteigen.

Winzig. Stummelhaft wirkende Flügel und runder Schwanz bezeichnend.

Untersetzt, aufmerksam. Leicht gestelzter Schwanz bezeichnend.

Rückenansicht

Schwanz von unten

Oberseite deutlich gemustert. Bürzel rotbraun. Schnabel relativ lang. Auge dunkel.

Einer der kleinsten Rohrsänger Europas. Körperform und Größe *sowie «zip»- und «tju»-Rufe bezeichnend.* Bewohnt verschiedenste Lebensräume wie Sümpfe oder trockene Gebiete mit Gräben. Schwierig zu beobachten, meist im Flug, oder auf einem Draht sitzend. Selten. Hat kürzlich erstmals in der Schweiz gebrütet. Breitet sich nordwärts aus.

Schwarzkehlchen

Unverkennbares Farbmuster

♀: Oberseite braun gestreift, Unterseite rötlichbraun. Weißes Flügelfeld und dunkelbrauner Schwanz.

Stärker gestreift als ♀

Kleiner, weißer Fleck

Schwanz ohne Weiß

Flügel und Schwanz immer kurz

♂: Weiße Hals-binde, Kopf schwarz, Unter-seite orange

Juv

♂ im abgenützten Kleid im Herbst

Klein und untersetzt. Flügel kurz. Schwanz kurz, im Unterschied zu Braunkehlchen ohne Weiß. Bewohnt Heide und Moorland. Leicht zu übersehen, sitzt aber gerne exponiert auf Büschen, Drähten und Pfählen. Stetiges Schwanz- und Flügelzucken. Schwirrender Flug. Warnt eindringlich «tak-tak». Einzelne überwintern auf Brachland. Gefährdeter Brutvogel.

Braunkehlchen

Flug niedrig, ruck-artig von Sitzwarte zu Sitzwarte. ♂ Schwarz und Weiß in Flügel und Schwanz.

Stark gemustert

Weißer Augenstreif

Juv

Weiß im Schwanz (vgl. Schwarzkehlchen)

♂: Kopf

♂: Kopf und Rücken gemustert. Auffälliger, weißer Augenstreif.

♀: Rücken gestreift, Weiß im Schwanz wie ♂. Augenstreif matter.

Typischer Vogel in Feuchtwiesen und Mooren mit Sitzwarten. Oft verwechselt mit Schwarzkehlchen, *hat aber immer Weiß im Schwanz.* Aufrechte Haltung, häufiges Zucken mit Schwanz und Flügeln typisch. Gesang einfach, kurzes Gezwitscher. Ruft «tik-tik». Zugvogel (Apr.–Sept.). Früher vor allem im Tiefland weiter verbreitet als heute, lokal bedrohte Art.

Steinschmätzer

Weißer Bürzel
und schwarze
Schwanzbinde als auf-
fällige Flugmerkmale

Oberseite
lederfarben

Juv

♂

♀

Grönländische
Rasse

Juv im
Herbst

Juv im
Herbst

Beine
immer schwarz

Grönländische Rasse:
Größer, Flügel länger.
Farben leuchtender.

♂ im Frühling

♂ im Juli

♂ im Frühling kontrastreich
Grau an Scheitel und
Rücken, Schwarz an Wangen,
Flügeln und Schwanz. Federab-
nützung verstärkt den Kontrast.

Federwechsel im
Spätsommer. Nachher
werden die Farben
durch Abnützung blasser.

Beim Ad ♂ Rücken und
Scheitel grau

Juv: Rücken
lederfarben, rost-
rot im Flügel

♀ im Frühling

Die Gefiederfärbung kann große individuelle Unterschiede zeigen,
doch ist die Art am *schwarzweißen Schwanz und dem weißen Bürzel* (vor
allem im Flug deutlich) leicht erkennbar. Hochbeinig, oft in aufrechter
Haltung. Knickst bei Erregung und zuckt mit dem kurzen Schwanz. Flug
meist niedrig. Hält sich gerne auf Sitzwarten auf (erhöhte Steine).
Erbeutet Insekten im Flug oder rennt eine kurze Strecke, um sie vom
Boden aufzupicken. Sucht in Erdlöchern Deckung. Nistet in Höhlungen
und Spalten am Boden oder zwischen Steinen. Bewohnt offenes Gelände; in der Schweiz in den Voralpen und Alpen. Verbreiteter, aber
lokal bedrohter Brutvogel. Auf dem Zug (März–Sept./Okt.) auch auf
Wiesen und Äckern.

Blaukehlchen

Zuckt bei Erregung mit den
kurzen, runden Flügeln; kurzschwänzig. Wirkt im Flug dunkel.

Weißer Augenstreif

Schwanz rost-
rot und schwarz;
nicht gegabelt

Komplexe Färbung,
Augenstreif und
Schwanzfärbung beste
Erkennungsmerkmale

Der Verlauf des Wechsels
vom Jugend- zu Ad-Kleid
ist noch nicht bekannt.

Winter-
kleid

Rot-
sterniges ♂

Weiß-
sterniges ♂

Hochbeinig; Silhouette
erinnert an Rotkehlchen.

Leuchtendes Farbmuster
des ♂ im Brutkleid
unverkennbar

Jugendkleid wie bei
Rotkehlchen stark
gestreift. Von ihm
durch Schwanzfärbung
zu unterscheiden.

Schwanzwurzel
rotbraun;
breites
schwarzes
Endband

Lebt versteckt im Schutz dichter Vegetation. Sehr scheu, vor allem auf
dem Durchzug. Zur Brutzeit leichter zu beobachten. Auf dem Weg ins
Winterquartier durch Mitteleuropa meist im sumpfigen Dickicht. Wenn
es aufgescheucht wird, flieht es niedrig und gezielt in die nächste Dek-
kung, kann aber zuweilen bei der Futtersuche an offenen Stellen erscheinen. Ruft scharf «tak-tak». In Südeuropa brütet die weißsternige
Rasse, in Nord- und Osteuropa die rotsternige (Juv und ♀ nicht zu unterscheiden). Brütet in feuchten, deckungsreichen Heide- und Moorgebieten.
In Deutschland lokaler und bedrohter Brutvogel, in der Schweiz nur auf
dem Durchzug zu beobachten (vor allem März/April und Aug./Okt.).

Hausrötel

Weiß

Flügel breit (vgl. Gartenr.)

Schwarze Partien der Oberseite des ♂ im Winter grauer

♂ im Sommer pechschwarz mit hellem Flügelfeld

♂

♀

♀ russig braun, ohne helle Kehle (vgl. Gartenrötel)

Schwanz orange

♀

Größe wie Gartenrötel. Beide Arten *vibrieren stets mit dem Schwanz.* Sucht Futter seltener von Bäumen aus als Gartenrötel. *Gesang unverkennbar, gepreßt, knirschend.* Brütet in Felsen (dort leicht zu übersehen), Häusern und Ruinen. Verbreitet bis über die Baumgrenze. Zugvogel (März–Okt.). Einzelne überwintern fast alljährlich in der Schweiz.

Sperbergrasmücke

Größe und «Raubvogelblick» auffällig

♂

♂

♂ aschgrau

Schwanz gestelzt

Unterseite gesperbert

Schwanz lang. gerade

Juv ohne Sperberung, Augenfarbe variabel, blaßgelb

Unterseite einfarbig

«Strenger» Gesichtsausdruck, Farbe und Musterung charakteristisch. Kräftige Grasmücke. ♀ brauner, schwächer gesperbert als ♂. Augenfarbe des ♂ variabel. Schlägt bei Erregung mit dem Schwanz, sträubt Kopffedern. Gesang mit schnarrenden Lauten; ruft «tschak-tschak» aus der Deckung. In Deutschland und der Schweiz (sehr selten) lokaler, bedrohter Brutvogel.

Gartenrötel

♀ durch rostroten Schwanz und Bürzel und hellbraune Oberseite vom Hausrötel zu unterscheiden

Weiße Stirn, schwarze Maske

♂ durch rostroten Schwanz und Bürzel, blaugraue Oberseite und fehlendes weißes Flügelfeld vom ♂ Hausrötel zu unterscheiden

♀

Blaß graubraune Oberseite, dunkles Auge mit feinem Augenring und helle Kehle unterscheiden ♀ und Imm vom Hausrötel.

♂ Imm: Gesichtsmaske bräunlichschwarz, weißlich umrandet. Stirn und Oberseite bräunlicher als beim ausgefärbten ♂, Unterseite blasser.

Kehle hell (♀ und Juv)

Imm ♂

schwarze Kehle

♀

Unterseite des Juv gefleckt; allg. viel heller als Juv Hausrötel

♂

♂ im Brutkleid unverwechselbar rot und schwarz

Zartgliedrig und elegant. Hochbeinig. Immer auf Bäumen oder in deren Nähe zu beobachten, auf Mauern und Drähten. *Zittert wie der Hausrötel stets mit dem Schwanz.* Wartenjäger. Fängt Insekten von einer exponierten Sitzwarte aus, auf die er zurückkehrt. Oft auch im Rüttelflug. Warnruf klagend «hüit», ähnlich wie Fitis, oder weich «wit-ti-tik». Lebt vorzugsweise in lichten Laubwäldern mit wenig Unterholz, in Parkanlagen, Gärten und Obstgärten, auch in Siedlungen. In Deutschland und der Schweiz verbreiteter Brutvogel. Brütet in Baumhöhlen, Nistkasten und Mauernischen. Zugvogel (Apr.–Okt.). ♂ kehrt wenige Tage vor dem ♀ an den Brutort zurück. Fehlt in höheren Lagen, wo der Hausrötel noch vorkommt.

Trauerschnäpper

Schwarzweißes Brutkleid verblaßt gegen Ende der Brutzeit.

Ad ♂ Sommer

Unterseite rein weiß

Weiße Flügelbinde

Zuckt häufig mit dem Schwanz. Imm wie ♀ aber rahmfarben statt weiß im Flügel.

Weiß

Längliche Flügel, kurze Beine. Auge wirkt groß. Im Ruhekleid (Herbst/Winter) ♂ wie ♀. Sitzt ruhig im Blattwerk oder auf einer Warte, um von dort überfallartig Insekten in der Luft zu erbeuten. Typischer Fliegenfängerruf, leise «tik-tik». Verbreiteter Brutvogel in lichten Wäldern, Gärten und Parks. Zugvogel (Apr.–Sept.).

Halsbandschnäpper

Gefieder schwarzweiß. Halsband bezeichnend.

♂

♀ schwierig vom Trauerschnäpper ♀ zu unterscheiden. Angedeutetes Halsband. mehr Weiß im Flügel.

Bürzel im abgenützten Gefieder heller

Frisch ausgeflogene Halsband- und Trauerschnäpper haben halbmondförmige Flecken, bevor sie ins Winterkleid wechseln.

Trauer. ♀ Halsband. ♀

Schwanz der ♀ nicht zu unterscheiden. Mehr Weiß als die ♂.

Gefieder und Verhalten ähnlich wie Trauerschnäpper. Einzig zur Brutzeit ist das ♂ am weißen Halsband leicht zu erkennen. Beim ♀ ist das Halsband nur angedeutet. Außerhalb der Brutzeit ♂ ähnlich ♀, und die beiden Arten sind kaum zu unterscheiden. Bewohnt lichte Laubwälder. Brütet in der Südschweiz und Süddeutschland. Zugvogel.

Grauschnäpper

Großes, schwarzes Auge

Akrobatischer Flieger mit langen Flügeln

Juv hell gefleckt

Schnabel gerade

Feine Streifen

Unscheinbar grau gefärbt. Zuckt oft mit dem Schwanz.

Flügel oft leicht hängend. Häufiges Flügelzucken.

Ad gestreift, nicht gefleckt. Beine kurz, schwarz.

Oberseite braun, unscheinbar gefärbt. Spatzengroß. Lange Flügel. Sitzt ruhig an einer exponierten Stelle auf der Lauer, um Insekten im akrobatischen Flug oder in wilder Verfolgungsjagd knapp über dem Boden zu erbeuten. Ruft hoch, scharf «tsit» oder «tsit-tak-tak». Verbreiteter Brutvogel. Zugvogel (Mai–Sept.).

Zwergschnäpper

Orange Brust und grauer Kopf des ♂ bezeichnend. Das oberflächlich ähnliche Rotkehlchen ist viel größer.

♂

Flug typisch für Fliegenfänger; schwarzweißes Schwanzmuster (vgl. mit dem viel größeren Steinschmätzer)

Schwanz von oben

♀ und Juv ohne grauen Kopf und orange Brust. Sehr klein. Form, heller Augenring, Schwanzzucken und Flugfang bezeichnend.

Juv

Kleinster Fliegenfänger. Lebt versteckt; wird deshalb trotz auffälligen Farben im Blattwerk leicht übersehen. Kurze, leicht gewellte Stoßflüge nach Insekten. Huscht wie Laubsänger futtersuchend durchs Gezweig. Ruft «tschik» oder schnurrt wie Zaunkönig. Brütet nicht in der Schweiz. In Deutschland lokaler, bedrohter Brutvogel. Osteuropa.

Goldammer

Kopf gelb

Kopf des ♂ im Frühling

Unterseite und Achselhöhle gelb

♂

Bürzel kastanienbraun (vgl. andere Ammern) Zuckt häufig mit dem Schwanz.

Brust gestreift

Juv

Brust rotbraun (variabel)

Juv ♂

Wirkt am Boden schlank und langschwänzig

♀

Kasta-nien-braun

Weiß

Verbreitet in offener, buschreicher Heckenlandschaft. Meist paarweise, im Winter in Scharen zusammen mit anderen Arten auf Äckern und an Böschungen futtersuchend. Schwanz und Flügel wirken im Fluge auffällig lang. Singt von erhöhter Warte; monotoner, rasselnder Gesang mit gedehnter Endsilbe. Ruft im Flug metallisch. Ganzes Jahr zu sehen.

Ortolan

Im Flug schlank, langgestreckt

♂

Kopffärbung des ♀ schlichter

♂

Kopffärbung typisch, Schnabel des Ad rötlich

Schwanz kaum gegabelt (vgl. Goldammer)

♂

Brust des ♂ bezeichnend

Juv: Unterseite gestreift. Augenring wie Ad

Schlanke Ammer. ♂ erkennbar am *grünlichen Kopf, dem hellen Augenring, an der gelben Kehle und dem orangen Unterkörper. Augenring und rötlicher Schnabel als wichtige Merkmale;* Bürzel bei ♂, ♀ und Juv gelblichbraun. Flugruf kurz «zip». Bewohnt warme, baum- und heckenreiche Kulturlandschaft. In Deutschland und der Schweiz lokaler, bedrohter Brutvogel.

Zaunammer

Rotbraun
♂ am schwarz-
grün-gelben
Gesichtsmuster von anderen Ammern
zu unterscheiden

Feine
Streifen ♀

♂

Vgl. Unterseite
der Goldammer

♀

Bürzel olivbraun

Weiß

♀

Bürzel des ♀ stärker
gestreift als Goldammer

Flug etwas
stärker gewellt
als Goldammer

♂

Lebt heimlich und ist leicht zu übersehen. ♀ und Juv gleichen der Goldammer, von der sie sich durch *olivbraunen* (nicht kastanienbraunen) *Bürzel* unterscheiden. Ruf dünn «sit» oder «zit». Gesang klappernd (ähnlich Zaungrasmücke). Besiedelt buschreiche, offene und sonnenexponierte Gärten und Weinberge.

Zippammer

Oberseite
rotbraun

Hell-
grau

Bürzel
rotbraun

Juv

Kopfmuster, rot-
braune Unterseite
und weiße äußere
Schwanzfedern
auffällig (Ad)

Langer Schwanz
und relativ
breite Flügel

Heller
Augenstreif

Juv

Kehle heller,
gestreift

Grau-schwarz-
weißer Kopf
und großes
Auge
für ♂ und ♀
bezeichnend

Langschwänzige Ammer. Besiedelt steinige, trockene Wiesen und Hänge mit wenig Gebüsch. Verhalten ähnlich wie Goldammer. Fliegt oft auf große Entfernung weg. *Juv schwierig zu erkennen, am ehesten am rotbraunen Bürzel;* schwacher Augenstreif, Kehle gestreift. Flug wellenförmig. Brütet vor allem in der Südschweiz; in Deutschland lokal bedrohte Brutvogelart.

Rohrammer

♂: erst durch Abnützung der Federsäume wird schwarzweiße Zeichnung des Brutkleides deutlich (im Herbst verdeckt).

Schultern rotbraun, Schwanz außen weiß

Frisch vermausertes ♂ gleicht dem ♀.

♀ Juv

Schwanz außen weiß; häufiges Schwanzzucken

♀ und Juv: rostbraune Flügel, Rücken stark gestreift

Kopf des ♂ im Herbst schwärzlich braun

Lebhaft; auffällig wenn exponiert, wird aber bei der Futtersuche am Boden leicht übersehen. Flug wellenförmig, unregelmäßig; fliegt meist nur kurze Strecken. Kontaktruf «zip», oder metallisch «tschink». *Klingender, schneller werdender Gesang.* Bewohnt Röhricht, zuweilen trockenes Kulturland. Verbreitet. Zugvogel (März–Okt.), einzelne überwintern.

Spornammer

Nacken kastanienbraun

♂ im Brutkleid unverkennbar

Beachte Musterung von Kopf und Rücken

Schnabel des Juv im Unterschied zur Rohrammer gelb, 2 feine Flügelbinden; stärker gemustert

Flügelspitzen länger als Rohrammer

Schwacher Bartstreif (auch Juv)

♀ und Juv ähnlich Rohrammer; vgl. Kopffärbung, Bartstreif

Schwanzseiten weiß

Schnabelfarbe, Gefieder- und Kopffärbung sowie langer Schwanz und Flügel sind die wichtigsten Merkmale. Bodenvogel; oft in Gesellschaft von Schneeammern und Ohrenlerchen an der Küste. Fliegt schnell, oft hoch. *Ruft klar «ticki-tik-tik» oder schnurrend.* Brütet im hohen Norden. Wintergast, in der Schweiz äußerst selten.

Irrgäste des Waldes und offenen Geländes

Kopf im Brutkleid

Vgl. Flügelmuster mit Rohrammer

Sommer ♂ ähnlich ♀

Wange kastanienbraun

Vgl. Bruststreifen mit Rohrammer

Vgl. Rückenstreifung mit Rohrammer

♂ Winter

Zwergammer: wirkt wie kleines, gedrungenes Rohrammer ♀. Im Sommer kastanienbrauner Kopf bezeichnend.

Waldammer: Auffällig gefärbter Vogel. Scheitel oft gesträubt. Juv wie Ad aber deutlich gelblicher. Ruf scharf «tip-tip».

Bürzel rostrot, gestreift

Nacken rotbraun

2 helle Flügelbinden

Kopfmuster

Oberseite leuchtend rotbraun

♀ Winter

Rostrote Flankenstreifen

♂ Sommer

Scheitelstreif und weißer Augenstreif

Braunes Brustband

♀ Juv

♂ Brutkleid

Schwanz wie Buchfink

Weiß im Schwanz

Steinsperling: Dem Haussperling ♀ ähnlich. Beachte weiß im Schwanz und den Augenstreif, beides im Flug erkennbar. Fällt durch zweisilbigen Ruf auf. In steinigem Gelände, Feldern und Häusern. Brütet in Südeuropa.

Weidenammer: ♂ unverkennbar. ♀ und Juv gelblich, mit deutlichem weißem Augenstreif, hellem Scheitelstreif; Bürzel gelblich gestreift. Weiß an Schwanz und Flügel. Ruf ähnlich Rotkehlchen, «tik». Irrgast, brütet in NO-Europa.

Heller Augenstreif

Gelber Brustfleck (fehlt Juv)

Weiß im Schwanz

Schneeammer

Juv am Flügel weniger Weiß. Beachte Kopffärbung.

Ad ♂ im Winter

Imm ♂ im Winter

Im Flug auffälliges Flügelmuster

Weiße Flügelzeichnung einzigartig. Ähnlich Schneefink, der aber auf das Hochgebirge beschränkt ist.

Weiß im Schwanz

Die braunen Federsäume nützen sich ab, so daß Weiß des Brutkleides sichtbar wird.

Ad ♂ im Sommer

Rücken des ♀ im Brutkleid gestreift

Helleres Feld um das dunkle Auge, Scheitel und Wange dunkler. Beim Juv ist die weiße Streifung schmaler, beim ♂ etwas breiter.

♂ Imm

Futtersuchend an der Küste

Große Ammer mit langen Flügeln: Die Spitzen ragen fast bis zum Ende des Schwanzes. Wenig scheu, fliegt oft erst im letzten Moment auf. Das Jugendkleid geht durch Federwechsel und Abnützung allmählich ins Brutkleid über. Schwärme sind im Flug auffällig schwarzweiß. Ruft im Flug laut klirrend. Flug schnell. Schwärme landen oft unvermittelt. Gesang plätschernd «tirrir-rip», erinnert an Lerchengesang. Ruft im Schwarm «siuu» oder «swapek». Brütet in der offenen Tundra des hohen Nordens (Island, Skandinavien). Überwintert gesellig an felsigen Küsten weiter im Süden. In Deutschland regelmäßiger Wintergast und Durchzügler, vor allem in Küstennähe. Im Binnenland seltener Wintergast.

48

Ohrenlerche

Flug wellenförmig, niedrig.
Rücken gestreift oder fast
einfarbig (Abnützung). Oberseite
manchmal rötlich getönt.

Schwanz in der
Mitte heller,
am Rand schwarz
und außen weiß
(vgl. Feldlerche)

Kopf des Imm

Bei Ad gelbschwarzes
Kopfmuster bezeich-
nend; im Winter blasser.
♂ mit «Hörnchen»,
♀ weniger kontrastreich.

♂

Auffällig gelbschwarze Kopfzeichnung (v.a. ♂), *unverkennbar.* Auf dem Zug im Winter in Deutschland regelmäßig auf dünigen Küsten und Brachland. Gesellig, oft zusammen mit Schnee- und Spornammer. Am Boden vorzüglich getarnt, meist erst beim Auffliegen zu bemerken. Weicher, klingelnder Ruf. Brütet in der arktischen Tundra. In der Schweiz seltener Wintergast.

Schneefink

Lebhafter Kontrast
von Schwarzweiß
im Flügel
auffällig (oben
und unten)

Sommer

Viel Weiß im Schwanz
(vgl. Schneeammer)

Rücken von ♂ und ♀
im Sommer
schokoladefarben;
Schnabel schwarz

Winter

Rücken gestreift

Schnabel
gelb (Winter)

Sehr lange
Flügel

Im Sommer im Unterschied
zu Schneeammer Kopf grau.
Kinn schwarz. Im Winter
Rücken und Kehle weniger
deutlich gefärbt.

Bewohnt Fels und Gestein im Hochgebirge. Einzig mit der Schnee-ammer zu verwechseln, die aber nicht in den gleichen Biotopen zu erwarten ist. Haltung (außer bei der Futtersuche am Boden) aufrecht. Kann in der Nähe von Berghotels beobachtet werden, wo ihn das Futter anlockt. Im Winter in tieferen Lagen. Brütet in den Alpen und den Pyrenäen.

Heidelerche

Flügel breit, wirkt stummelhaft (fledermausartig)

In allen Kleidern weißer Augenstreif. Die gestreifte Brust hebt sich vom helleren Bauch ab.

Scheitelfedern oft gesträubt

Schwarz und weiß

Kurzer Schwanz und gestreifter Rücken bei Ad auffällig. Gefieder wird durch Abnützung bleicher.

Gedrungene Gestalt. Flug unruhiger als Feldlerche, die zudem längere Flügel hat und nicht so kurzschwänzig ist. Balzflug spiralförmig aufsteigend, läßt sich dann zu Boden fallen (Feldlerche steigt steiler und sogar außer Sichtweite). *Flötender Gesang. Flugruf «didlui».* Bewohnt offenes Ödland mit Büschen. In Deutschland und der Schweiz bedrohter Brutvogel.

Kurzzehen-/Stummellerche

Stummellerche

Unterflügel dunkler

Stummellerche

Unterflügel der Kurzzehenlerche hell

Beide sind ungefähr gleich groß; vgl. Brust beider Arten

Brust fein gestreift

Schwanz außen weiß

Flügel ohne weißen Saum

Dunkle Flügeltropfen

Kurzzehenlerche, östliche Rasse

Scheitel rotbraun

Dunkler Fleck

Einfarbig weiße Brust

Beide Arten klein. Flug wellenförmig, niedrig. Schwierig zu unterscheiden. *Die Feldlerche ist viel größer und hat einen hell gesäumten Flügelhinterrand.* Bodenvögel des offenen Geländes, leicht zu übersehen. Rennen oft. Schwärme stürzen sich unvermittelt zu Boden. Rufe «tschirrup» und «wiu». Südeuropa. Kurzzehenlerche sehr selten, Stummellerche fehlt.

Feldlerche

Sieht in der Luft «hängend» wie winziger Greifvogel aus. Beachte Kontraste von Brust, Unterseite und Schwanz.

Schwanz dunkel, außen weiß

Flügel lang, an der Spitze fingerartig, hinten weiß gesäumt. Oberseite gestreift, sandbraun. Schwanz lang, Außenseite hell.

Steigt im melodiösen Singflug vom Boden steil empor, «hängt» dann in der Luft, bevor sie zuerst spiralförmig, dann im Sturzflug zu Boden gleitet.

Manchmal mit schwirrenden Flügeln niedrig kreisend

Gestreckter Flügel scheint lang und schmal. Vgl. gewinkelte Stellung (oben).

Weißer Saum

Juv: schuppiges Aussehen (bis August)

Bei Erregung aufrechte Haltung, Haube gesträubt. Bruststreifung deutlich.

Kurzer Schnabel, kleines, dunkles Auge und gemusterte Oberseite bezeichnend

Die Feldlerche ist im Kulturland stark verbreitet und ist leicht zu erkennen. Sie fliegt viel und zeigt einen typischen Fluggesang. *Die Gestalt, der lange Schwanz und die langen Flügel unterscheiden sie von anderen Lerchen.* Der Horizontalflug über längere Strecken ist unregelmäßig und wellenförmig, da Flügelschlagphasen und Pausen (Flügel momentan geschlossen) einander abwechseln. Ruft im Flug häufig, rollend «tschirrup». Gesang melodiös trillernd, von Sitzwarte aus oder meist im Flug. Im Sommer paarweise oder einzeln. Außerhalb der Brutzeit in kleinen bis großen Schwärmen auf Ackerland und im offenen Gelände. Überwintert im Flachland und trifft im Februar/März im Brutrevier ein.

Haubenlerche

Plumper Körper, aber Flug leicht

Achsel orange

Schwanz außen gelbbraun

Schwanz außen gelbbraun

Ausgeprägte Haube

Juv: Haube kürzer, weniger Braun im Schwanz

Schnabel kräftig

Flügel im Flug breit

Deutliche Haube oft gesträubt. Dunkler Bart bezeichnend.

Hochbeinig

Bei Kälte aufgeplustert

Plumper, untersetzter Körperbau. Markante Haube. Kräftiger Schnabel und die gelbbraune Außenseite des Schwanzes bezeichnend. Flug wellenförmig, trotz des plumpen Körperbaus erstaunlich leicht. Ruf charakteristisch, fließend «swi-er-wii». Bewohnt offenes Ödland, Böschungen, auch in Siedlungen. In der Schweiz nur wenige, lokale Brutpaare.

Grauammer

Großer Vogel; Schwanz ohne Weiß

Schnabel kräftig

Beine baumelnd

Streifung an Brust und Kehle deutlich

Beim Singen Kopf aufrecht, Schnabel offen

Plumper Bau; eigenartige Schnabelform und feine Streifung

Größte Ammer mit plumpem Körperbau. Sitzt gerne exponiert auf Drähten oder erhöhten Warten. Am Boden bei der Futtersuche unauffällig. Zur Brutzeit zeigt das ♂ einen flatternden Flug mit baumelnden Beinen. *Gesang tönt wie das Klirren eines Schlüsselbundes;* ruft scharf «kuit». Besiedelt offenes Kulturland mit Gebüsch und Hecken.

Brachpieper

Juv: Gefieder wie Ad, etwas stärker gestreift

Sehr langer Schwanz

Flügelbinde

Augenstreif

Feiner Bartstreif

Tropfen

Bei Piepern überdecken innerste Flügelfedern die äußeren

Unterseite meist einfarbig. Bruststreifung variabel, stark bis fehlend.

Beine fleischfarben – gelblich

Schlank und elegant, wie sandfarbene Stelze. Heller Streif über dem Auge. Dunkler Augenstreif. Brust nicht oder weniger gestreift als bei den anderen Pieperarten. Flug horizontal, gewellt. *Ruf wie gedehnter Stelzenruf, «swip», oder spatzenähnlich «tschirup».* In der Schweiz Durchzügler (nur 1 Brutnachweis), in Deutschland lokaler, bedrohter Brutvogel.

Rotkehlpieper

Pieperart mit der stärksten Streifung. Brust im Winter stark, im Sommer weniger gestreift.

Im Flug kräftig gestreifte Oberseite (v.a. Rücken, Bürzel) sichtbar

Schwanzaußenseite breit weiß

Flügel lang, fast rechteckig (vgl. Wiesenpieper)

Winter   Sommer

Kopf und Brust des ♂ stärker rötlich getönt, ♀ stärker gestreift

Der Rotkehlpieper gleicht in Größe, Form, Gefieder und Verhalten dem Wiesenpieper, ist aber stärker gestreift. Zur Brutzeit Kehle orange, *ohne grünliche Tönung.* Der scharfe «tschip»-Ruf ist bezeichnend. Ruft auch baumpieperähnlich «zip». Die Färbung von Kehle und Brust ist im Sommer sehr variabel. Durchzügler, brütet in der Tundra des hohen Nordens.

Wiesenpieper

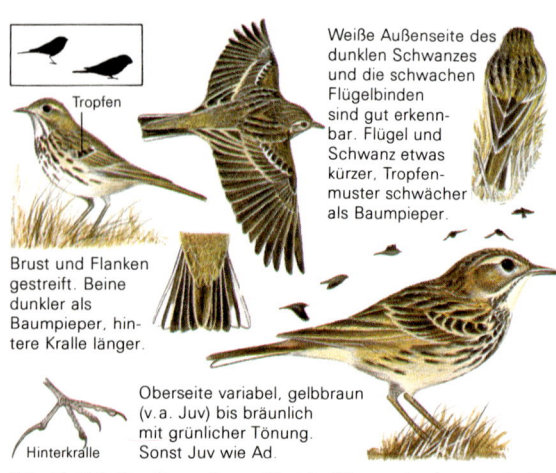

Tropfen

Brust und Flanken gestreift. Beine dunkler als Baumpieper, hintere Kralle länger.

Hinterkralle

Oberseite variabel, gelbbraun (v. a. Juv) bis bräunlich mit grünlicher Tönung. Sonst Juv wie Ad.

Weiße Außenseite des dunklen Schwanzes und die schwachen Flügelbinden sind gut erkennbar. Flügel und Schwanz etwas kürzer, Tropfenmuster schwächer als Baumpieper.

Sehr ähnlich dem Baumpieper: Singt im Flug, meist aber vom Boden aufsteigend; *ruft «ist-ist-ist»* (vgl. Baumpieper). Sitzt auch auf Bäumen, kehrt aber, nachdem er aufgescheucht wurde, meist wieder auf den Boden zurück. Futtersuche am Boden. Bewohnt feuchte Moore und Heiden. In Deutschland verbreitet, in der Schweiz viel seltener; Brutvogel und Wintergast.

Baumpieper

Schwanz außen weiß

Flügel und Schwanz länger als Wiesenpieper

Flug unregelmäßig, wellenförmig, wie Wiesenpieper; von diesem am feinen «psi»-Ruf zu unterscheiden

Im Singflug von Warte aufsteigend. Läßt sich auf Warte zurückfallen.

Rücken wie Wiesenpieper, aber nicht gelblichgrün getönt

Deutliche Tropfen (vgl. Wiesenpieper)

Wie Wiesenpieper, doch Tropfen am Flügel deutlicher, Brust gelblicher, Streifung gröber aber weniger dicht. Beine fleischfarben (Wiesenpieper dunkel).

Dem Wiesenpieper sehr ähnlich, wenn auch etwas *untersetzter. Tropfenmuster am Flügel deutlicher, Haltung aufrechter.* Sitzt häufig auf Bäumen (z. B. wenn aufgescheucht), sucht aber das Futter am Boden. Wippt im Gegensatz zu den Lerchen mit dem Schwanz. Charakteristischer Flugruf: «tis». Bewohnt offenes Gelände mit lichtem Baumbestand. Zugvogel (Apr.–Okt.).

Wasser-/Strandpieper

Strandpieper groß, rauchgrau,
Schwanz außen gräulich

Wiesenpieper

Strandpieper

Gräulich

Gräulich

Weiß

Strandpieper hat blassen
Augenring, dunkle Brust.
Schwanzaußenseite und
Gefieder grauer als
andere Pieper

Strandpieper

Wasserpieper
Winter

Beine dunkel
(vgl. andere Pieper)

Kehle
hell

Vgl. hellen Augenstreif
und blasse Unterseite
des Winterkleides
mit Strandpieper

Strand-
pieper

Beine dunkel

Wasser-
pieper

Strandpieper in Skandi-
navien im Winter gleich,
aber im Frühling mit
weißem Augenstreif, Kinn
rosa gefärbt; Vorder-
seite weniger gestreift.

Strandpieper
Skandinavien

Weißer
Augenstreif

Schwanz außen
weiß

Wasserpieper hat
als einzige Pieperart
(außer Brachpieper)
ungestreifte Brust.

Rosa Tönung

Wasser- und Strandpieper sind beide größer als Baum- und Wiesen-
pieper. Beide sind in ihrem steinigen und felsigen Lebensraum dank der
Graufärbung gut getarnt. Stelzender Gang wie die anderen Pieper.
Wippt zuweilen mit dem Schwanz. Wellenförmiger Flug. Ruft «tsip»,
ähnlich dem Wiesenpieper, der auch einen ähnlichen Gesang hat. Juv
stärker gestreift als Ad. Wasser- und Strandpieper haben zwei Rassen. Der
Strandpieper lebt vor allem an Küsten (Großbritannien, Westeuropa).
Er brütet in Felsklippen, im Winter an feuchten Gebieten meist in
Küstennähe. Der Wasserpieper (Mittel- und Südeuropa) ist heller und
grauer als der Strandpieper. Er lebt im Gebirge oberhalb der Baumgrenze an steinigen Halden (Alpen, Voralpen).

Bergstelze

Gelbe Unterschwanzdecken bezeichnend

Weiße Flügelbinde

Gelb

Brust gelblich

♀ Winter

Kehle schwarz

♂ Sommer

Sitzt zuweilen auf Dächern

Gelbe Schwanzwurzel

♂ und ♀ Winter

Graue Oberseite klar von gelber Unterseite abgehoben. Ganze Schwanzwurzel durchs Jahr immer gelb. Flügel schlank. Langschwänzigste Stelze. Stark wellenförmiger Flug; Schwanz wippt ununterbrochen. Ruf scharf «zisip». Verbreitet an schnell fließenden Bächen, im Winter auch an stehenden Gewässern. Meist einzeln oder paarweise.

Schafstelze

Unten gelb

Ad ♀

Schwanz außen weiß

♂ Mitteleuropa

♀ aller Rassen sehr ähnlich

♂ Brit. Inseln

♂ Skandinavien

Schwanz außen weiß

Anteil von Gelb variiert bei ♂ verschiedener Rassen.

Juv bei allen Rassen gleich. Beachte Kehlfärbung.

In Mitteleuropa sind neben den Brutvögeln auf dem Durchzug auch andere Rassen zu beobachten. Rassenunterschiede nur bei ♂ erkennbar. Aktiv, stets schwanzwippend. Zielgerichtete Jagd auf Insekten in Bodennähe. *Ruft laut «tsjiip».* Lebt in Wassernähe auf offenen, nicht zu trockenen Wiesen. Oft in Gesellschaft von weidendem Vieh. Zugvogel (Apr.–Sept.).

♂ Trauerbachstelze im Sommer
Rücken fast schwarz, im
Winter grauer. Flügelbinden
bei ♂ und ♀ deutlich.

Nacken schwarz

♂

Trauerbachstelze

Rücken und Bürzel
grau bei ♂ und ♀

Bachstelze

♀

Bachstelze im
Sommer kontrastreich
grau, schwarz und
weiß. Rasse des
europäischen
Festlandes.

♂ Sommer

♂

Juv beider
Rassen gleich.
Beachte Brust-
färbung.

♂ Trauerbachstelze im
Sommer schwarzweiß
mit grauen Flanken

Manchmal
grau

Grauer
Bürzel

Bachstelze im 1. Jahr.
Stirn manchmal deut-
lich grau, Flanken bei ♂,
♀ und Juv blaß grau.

Bachstelze
im 1. Jahr

Bürzel
schwarz

Trauerbachstelze ♀
mit dunkelgrauem
Rücken, manchmal oliv-
grau getönt. Im Unter-
schied zu Bachstelze
Bürzel schwarz.

♀

Bachstelze und Trauerbachstelze sind zwei Rassen. Die Bachstelze
kommt auf dem europäischen Festland vor, die Trauerbachstelze in
Großbritannien. Auf dem Zug im Herbst und Frühling können vor
allem an der Westküste Großbritanniens Bachstelzen beobachtet werden. Beide haben einen zierlich stelzenden Gang und wippen konti-
nuierlich mit dem Schwanz. Flug wellenförmig. Verbreitet im offenen
Kulturland und in Dörfern, gerne in Wassernähe. Ruf schrill «zisit».
Nisten in Höhlungen, Mauernischen und auf Dachbalken. Die Trauerbachstelze ist viel dunkler, vor allem im Sommer, wenn sie am schwarzen Bürzel erkennbar ist. Die Bachstelze ist grauer und hat einen grauen
Rücken und Bürzel. Verbreiteter Brutvogel.

Alpenbraunelle

Schnabel kräftiger als Heckenbraunelle

Juv

Zwei helle Flügelbinden

♂ und ♀ haben zwei Flügelbiden, die nach der Mauser hell gesäumt sind, später aber abgenützt und deshalb dunkler werden. Beachte punktierte Kehle.

Schwanzspitze gelblich

Klar umgrenztes, punktiertes Kehlfeld der Ad fehlt den Juv.

Rot gestreifte Flanken

Heckenbraunelle

Unauffällig. *Viel größer und gedrungener als die nah verwandte Heckenbraunelle* (siehe Gefiederunterschiede). Besiedelt Felshänge und steinige Matten im Hochgebirge; im Winter in tieferen Lagen. Flug erinnert an Lerchen, niedrig und wellenförmig. Ruf lerchenartig «tirrip». Brutvogel der Alpen und Voralpen, in Deutschland lokal.

Mauerläufer

Rücken grau, Flügel weiß getupft, charakteristischer Flug

Zuckt am Fels auffällig mit Flügeln

Sommer

Winter

Schwarz

Weiß

Schwanz schwarzweiß

♂ (nur im Winter) und ♀ mit weißer Kehle. Juv bräunlicher.

Flügelspitzen weiß getupft

Farbenprächtig, mit sehr langen, breiten, gerundeten Flügeln. Unverkennbar. Holt mit langem Bogenschnabel Insekten aus Felsritzen. Zuckt beim Hängen am Fels stets mit Flügeln. Brütet an ausgedehnten Felsen und in Steinbrüchen, zuweilen an Gebäuden, immer in Wassernähe. Überwintert in tieferen Lagen auch an der Küste. Alpen und Voralpen.

Steinrötel/Blaumerle

♂ im Herbst fleckiger. Rücken gesprenkelt, weniger weiß.

Roter Schwanz

Achselhöhle orange

Kehle gestreift

♀

♂ im Frühling lebhaft orange Unterseite, Kopf und Hals blaugrau

U förmige Flecken

♀

Haltung ähnlich Steinschmätzer, aufrecht

♀ Blaumerle

Schwanz lang, rechteckig

♂ (Aug.–Sept.)

Blaumerle Juv; Kehle schmutzig gerieselt

♀ Blaumerle oberseits graubraun, bläulich getönt

♂ Blaumerle singt von Gebäude

♂

Juv Blaumerle

♂ Blaumerle blaugrau, Flügel und Schwanz etwas dunkler. ♀ Oberseite blaugrau getönt. Unterseite heller, gebändert.

Der Steinrötel ist scheu, fliegt meist schon auf große Distanz auf und verschwindet in Deckung. Sein Verhalten gleicht dem der Schwarzkehlchen: Sitzt gerne exponiert, aber versteckt; nervöses Gebahren. Er besiedelt steinige Halden, oft über der Baumgrenze. Verbreitet in Alpen, Voralpen und in Südeuropa. Fehlt in Deutschland. Die Blaumerle zeigt eine ähnliche Verbreitung, lebt aber in tiefer gelegenen Regionen in felsigem Gelände bis an die Küste. Sie erinnert in Verhalten und Gesang an die Amsel, die sie in Südeuropa in Siedlungen ersetzen kann. Brütet in der Südschweiz vor allem in Steinbrüchen, ist aber selten (sporadisch im Wallis, im Tessin 15–20 Brutpaare). Fehlt in Deutschland.

Singdrossel

Oben einfarbig
(vgl. Misteldrossel)

Unterflügel
ocker

Singdrossel

Rotdrossel

Rücken ohne
Zeichnung, ähnlich Rotdrossel

Singt im Baum
(Misteldrossel
bevorzugt Spitze)

Unterseite rahmfarben, stark
gefleckt

Futtersuche am
Boden auf Wiesen

Beine blaß

Verbreitet in baumreichen Gärten, Parkanlagen und Wäldern. Flanken und Brust mit pfeilförmigen (vgl. Misteldrossel) Flecken übersät. Bartstreif setzt sich halbmondförmig unter der Wange fort. Hüpft bei der Futtersuche, rennt kurze Strecke, sichert dazwischen. Ruft «tick», im Flug «zip». Wiederholt im Gesang die gleichen Motive.

Misteldrossel

Langflügliges,
rundbäuchiges
Profil

Grob gefleckt
(vgl. Singdrossel)

Bürzel
heller

Schmaler
Kopf

Kräftiger und rundlicher als Singdrossel. Lange Flügel
oft leicht hängend.

Langer,
weißgeränderter
Schwanz

Helle Federsäume am inneren Flügel
(vgl. Singdrossel)

Unterflügel
weiß

Flügelspitze
gefingert

Größte Drossel, massig. Im Flug rundbäuchig; Flügel und Schwanz lang. Am Boden aufrechte Haltung. Stark wellenförmiger Flug mit regelmäßigem Flügelschließen. Schnarrender Ruf; Gesang amselartig, schwermütig, ohne regelmäßig wiederholte Motive (vgl. Singdrossel). Verbreitet in Wäldern bis in höhere Lagen, auch bei Siedlungen mit hohen Bäumen.

Rotdrossel

Oben ähnlich
Singdrossel, Unter-
flügel rot (ocker
bei Singdrossel)

Flug schnell, unre-
gelmäßig. Färbung
der Unterseite
bezeichnend.

Unter-
flügel leuch- · Weiß
tend rot

Schwanz
gegabelt

Rückenansicht: Augen-
streif und Flügel-
zeichnung auffällig

Singdrossel

Deutlicher
Augenstreif

Von nah rote
Flanken, Augenstreif
und gestrichelte
Unterseite erkennbar

Rot-
drossel

Gelb

Kleinste, dunkle Drossel. Gesellige Futtersuche auf Feldern, nur in sehr harten Wintern auch in Gärten. Scheint im Flug klein: charakteristisches Flügelzucken. Hüpft bei Futtersuche am Boden. Frißt auch Beeren (z.B. Weißdorn). *Ruf* fein «zii». Wintergast. Brütet in Nordeuropa.

Wacholderdrossel

Weißer
Unterflügel
bezeichnend

Lockere Schwärme
im Flug; wellen-
förmig, unre-
gelmäßig, ähnlich
Misteldrossel.

Kontrast
Schwanz
Bürzel

Dunkler
Fleck

Grauer Bürzel
und schwarzer
Schwanz auffällig

Rückenansicht
zeigt grauen Bürzel
und schwarzen Schwanz

Schwarzer
Schwanz

Brust rahm-
farben, gefleckt;
Kopf grau.
Rücken rotbraun.
♂ wie ♀.

Unter-
flügel
weiß

Schwanz und Flügel lang. Größer als Singdrossel. Form und Flugbild *ähnlich Misteldrossel.* Futtersuche auf Wiesen und Feldern, in kalten Wintern in Gärten. Frißt auch Beeren. Scheu, ruft schnarrend «tscha-tscha-tschak». Verbreitet an Waldrändern, in Kulturland und Park-anlagen. Brütet in Kolonien. Breitet sich aus.

Amsel

Singt melodiös von Dach oder Baum ♂

Flügel fingerförmig

Profil im ruckartigen, gleitenden Flug bezeichnend

Schwanz lang

Hebt beim Landen den Schwanz zum Bremsen leicht an

Schwanz rund

♀

Vgl. Form und längliches Profil mit Star

♂ russig schwarz, Augenring und Schnabel gelb. Schnabelspitze im Winter braun.

♀ wie ♂ aber dunkelbraun

Helle Kehle

Schwanz schwarz

Rötlichbraun

♀

♂

Das ♂ ist die einzige schwarze Drossel, die häufig in Gärten anzutreffen ist. Juv gelblichbraun, ähnlich wie ♀. Lärmig, wird leicht aufgeregt, was am häufigen Schwanzzucken und am zeternden «tschuk-tschuk»-, oder «tschink»-Warnruf zu merken ist (häufig in der Abenddämmerung). Albinos (teilweise oder ganz weiß) kommen vor. Durchs Jahr verbreitet.

Ringamsel

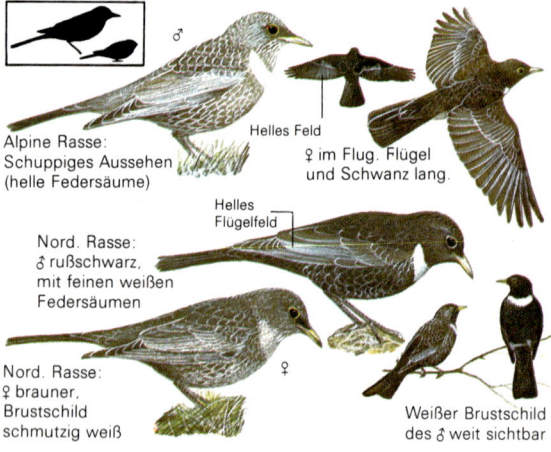

♂

Helles Feld

♀ im Flug. Flügel und Schwanz lang.

Alpine Rasse: Schuppiges Aussehen (helle Federsäume)

Helles Flügelfeld

Nord. Rasse: ♂ rußschwarz, mit feinen weißen Federsäumen

♀

Nord. Rasse: ♀ brauner, Brustschild schmutzig weiß

Weißer Brustschild des ♂ weit sichtbar

Verhalten und Erscheinung ähnlich der Amsel, aber mit längeren Flügeln und Schwanz, weißer Brustschild. Mit Teilalbinos der Amsel zu verwechseln. Scheu. Fliegt schnell und gewandt in Deckung. Gesang klar, weitreichend. Ruf metallisch «tschak-tschak». Alpine Rasse brütet in Nadelwäldern im Gebirge der Alpen und Voralpen.

Star

Flug schnell und geradlinig. Mehrere Flügel-schläge, gefolgt von Gleitflug.

Das Flugprofil ist eckig-spitz, der Schwanz fächerartig.

Singt mit offenem Schnabel und zittert dazu mit den Flügeln

Kontrast zwischen blasseren Unterflügeln und schwarzem Körper unterscheidet im Flug den Star von der Amsel.

Blasser, runder Schwanz

Juv graubraun mit heller Kehle. Verhalten wie Ad. Beim Federwechsel ins Ad-Kleid treten Übergangskleider auf.

Typisches Bild von Staren auf einem Baum

Körper stark getupft

Beine rötlich

Lärmig und zänkisch. Scheint in Ruhestellung plump. Einziger Vogel, der bei Futtersuche in den Boden pickt und dann den Schnabel öffnet.

Vgl. Futtersuche von Star mit Drosseln. Star geht geschäftig; Drosseln hüpfen, halten dann an, um Umschau zu halten.

Singdrossel   Star   Amsel

Form der drei Gartenbesucher (Singdrossel, Star, Amsel,)

Aggressiver, schwatzhafter, untersetzter Vogel. Gesang jubilierend, schwatzend, oft vom Dachfirst. Gefieder grünlichschwarz, metallisch schillernd, Rückenfedern isabellfarben gesäumt. Unterseite und vor allem der fast gräuliche Kopf stark gesprenkelt. Die hellen Federsäume nutzen sich ab, so daß die Flecken allmählich verschwinden und das Gefieder im Frühling fast schwarz wird. Schnabel im Winter dunkler, im Frühling gelb. Gefieder, Form, Verhalten und das reiche Repertoire in Gesang und Rufen (rauher Ruf, gurgelnder Gesang) machen den Star zu einem gut erkennbaren Gartenbesucher. Verbreitet im Kulturland und Siedlungen. Überwintert sporadisch.

Seidenschwanz

Winterkleid:
♂ und ♀ wenig
Weiß im Flügel.

Auffälliges
Gesichtsmuster

Bürzel
grau

Federspitze
wächsern
karminrot

Spitze Flügel
(vgl. Star)

Kehle schwarz,
Schwanzende gelb

Unterschwanz
rotbraun

Körperform von
Stimmung und Tem-
peratur abhängig

Haube, grau und
rotbraunes Gefieder,
Schwanz und Flügel
schwarz und gelb
beim ausgefärbten ♂

Flügel unten hell

Ausgeprägte Kopfhaube, trillernder Ruf und auffälliges Verhalten verraten den Seidenschwanz. Fliegt wie Star, der gleich groß, aber gedrungener ist und dessen Flügel und Schwanz kürzer sind. Unregelmäßig auftretender Wintergast (Invasionen). Im Winter meist in kleinen bis großen Schwärmen, die in Gärten Beeren fressen (z. B. Weißdorn).

Pirol

Stark wellenförmiger,
leichter Flug und
lebhafte Färbung
des ♂ unverkennbar

♂ Ad

Schwarzer
Augenrand

♂

♂

♂

♀ und Juv

♀

♀

Juv

Stark
gestreift

Der Pirol ist sehr scheu und trotz seiner auffälligen Färbung im Blattwerk kaum zu sehen. ♂ lebhaft gelb und schwarz, unverkennbar. ♀ ohne schwarz am Auge. Juv und ♀ gelb, grün und schwarz; schlichter gefärbt als ♂. ♂ singt flötend «wila-wio». Ruf kreischend «kü-kü-kü». Besiedelt baumreiche Gärten, Laub- und Auenwälder.

Der Schwarzstirnwürger hat schmale, spitze Flügel. Klar abgegrenztes weißes Flügelfeld.

Schwarz

Flügelzeichnung variabel

Grau

Schwarzes Feld

Raubwürger: Breite, gerundete Flügel mit weißem Feld (Ausmaß variabel). Flügelspitzen abgestuft und gefingert.

Mehr schwarz

Schwarzstirnwürger

— Raubwürger

Schwarzstirnwürger: Juv ohne schwarze Stirn; andere Flügelform als Raubwürger

Schwarzstirnwürger

Würger mit Beute, die er mit dem Fuß festhält. Oft werden Vorräte auf Dornen gespießt.

Schwarzstirnwürger in typisch aufrechter Haltung. Schwarze Stirn und rosa überflogene Brust bezeichnend.

Graue Stirn und weiße Linie zwischen Rücken und Flügel unterscheiden Raub- vom Schwarzstirnwürger. Beim Sitzen oder im Flug längerer Schwanz auffällig.

Weiß (fehlt beim Schwarzstirnwürger).

Raubwürger

Lange Flügelspitze

Äußerste Flügelfedern des Schwarzstirnwürgers sehr lang, Schwanz kurz. Der Raubwürger hat rundlichere Flügel und eine andere schwarzweiße Zeichnung.

Schwarzstirnwürger

Der Raubwürger ist der größte europäische Würger. Frißt Kleinsänger, Vögel und große Käfer. Der Schwarzstirnwürger ist Insektenfresser. Form und verschiedene Anordnung von schwarz, weiß und grau unterscheiden die beiden Arten. Beide sitzen gern exponiert auf Drähten oder Buschspitzen. Drehen den Kopf, um nach Beute Ausschau zu halten. Flug über längere Distanz gewellt, scheinbar unsicher, obwohl der Raubwürger Vögel im Fluge erbeuten kann. Beide rufen «schäk-schäk». Beide Arten selten, Schwarzstirnwürger in der Schweiz nur ausnahmsweise. Beide Arten sind in Deutschland nur lokale Brutvögel, vor allem der Schwarzstirnwürger. Sie sind in beiden Ländern bedroht.

Rotkopfwürger

Typische Ansicht

Bürzel und Schwanzkanten weiß

Rotbrauner Scheitel bezeichnend

Weiß

♀

♂

Juv

Zeichnung des Juv im Flug und beim Sitzen andeutungsweise wie Ad. aber verwaschen. Form typisch.

♀ etwas blasser als ♂. Juv unscheinbar

Juv

Flügel des Rotkopfwürgers breiter und Kopf runder als Neuntöter. Ad leicht erkennbar. Juv weniger rotbraun, Schultern und Bürzel heller als Neuntöter Juv, dem er ähnlich sieht. Sitzt exponiert auf Drähten oder versteckt im Blattwerk. Verhalten und Rufe typisch würgerartig. Besiedelt offenes Buschland, Obstgärten. Bedrohte Brutvogelart.

Neuntöter

Juv orangenbraun mit halbmondförmigen Flecken. Würgerschnabel.

Juv

♀

♂

Flug direkt, dazwischen gleitend

♂

Kopf, Schwanz und Bürzel des ♂ grau, weiß und schwarz, deutlich vom rotbraunen Rücken abgehoben

Halbmondförmige Flecken

Schwarze Maske

♀

Oft rosa überflogen

Juv

♂

♀

♀ oben lebhaft rötlich, ähnlich ♂, aber ohne Schwarz im Schwanz

Schlanker Würger mit relativ langem Schwanz und spitzen Flügeln. Verhalten typisch für Würger; spießt Beute ebenfalls auf. Flug über größere Strecken wellenförmig. Ruf spatzenähnlich «tschäk-tschäk». Besiedelt Buschlandschaft, Hecken und Aufforstungen. Südlich der Alpen häufiger als im Mittelland. In Deutschland bedrohter Brutvogel.

Mehlschwalbe

Eckig. gegabelt

Weißer Bürzel

Besammeln sich auf Drähten, v. a. vor Wegzug

Kontrast zwischen dunklen Flügeln und weißer Unterseite

Kugelnest unter Dach

Ad mit rein weißer Kehle, die sich vom dunklen Kopf abhebt. Schnabel kurz.

Sammeln Strassenkot für Nestbau

Kleiner als Rauchschwalbe. Oberseite blauschwarz (scheint schwarz). Bürzel und Unterseite von Kinn bis Schwanz rein weiß. Futtersuche nur in der Luft, auf dem Zug oft niedrig über Wasser, aber meist höher als Rauchschwalbe. Flug kreisend, flatterhaft. Ruft «tschir». Verbreitet. Zugvogel (Apr.–Okt.). Sehr späte Bruten werden von den Ad. gelegentlich verlassen.

Uferschwalbe

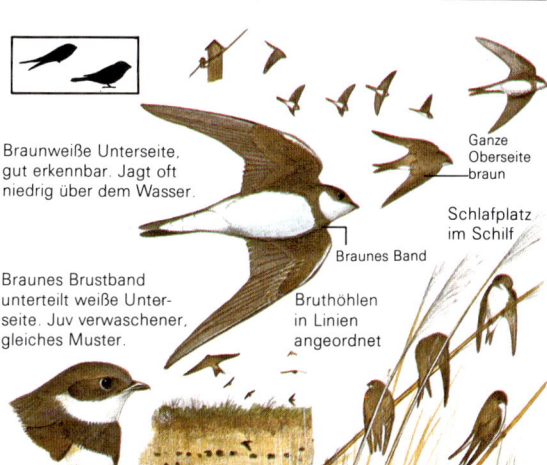

Braunweiße Unterseite, gut erkennbar. Jagt oft niedrig über dem Wasser.

Ganze Oberseite braun

Schlafplatz im Schilf

Braunes Band

Braunes Brustband unterteilt weiße Unterseite. Juv verwaschener, gleiches Muster.

Bruthöhlen in Linien angeordnet

Kleinste Schwalbenart. Gefiederfärbung für diese Größe einzigartig. Zugvogel (Apr.–Sept.). Kehrt oft vor Mehlschwalbe zurück. Futtersuche im Flug, oft über Gewässern; zielgerichteter als Mehlschwalbe, flitzend. Gesang zwitschernd; Ruf hart, rauh. Brütet an freien, senkrechten Sandwänden (Sandgruben, Flußufer). Übernachtet im Schilf (Frühl./Herbst).

Rauchschwalbe

Schwanz tief gegabelt

Unterseite bräunlichgelb (rein weiß
bei Uferschwalbe). Sehr langer, tief
gegabelter Schwanz und blauschwarze
Oberseite unterscheiden sie von anderen
Schwalben. Es ist oft schwierig,
die ganze Schwanzlänge zu erkennen.

Rötliche Stirn

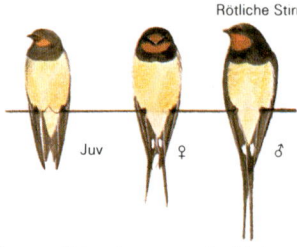

Flug bei Futtersuche in
großer Höhe leicht und
langsam fließend, pfeilender
in Bodennähe. Fliegt geradliniger als Ufer- und Mehlschwalbe. Auf dem Zug können
riesige Schwärme einer Küstenlinie folgen.

Juv   ♀   ♂

Schwalben sammeln sich in
lebhaften Gruppen, v.a. zur
Zugzeit. Juv blasser als Ad,
mit deutlich kürzerem Schwanz.
Schwanzspieße beim ♀ kürzer
als beim ♂, dessen Länge
variiert.

Rötliche Stirn und Kehle
in Kontrast zum blauschwarzen
Kopf bezeichnend. Gefieder
des Juv verwaschener.

Im Frühsommer sind tieffliegende
Rauchschwalben oft beim Insekten-
fang über Wiesen zu beobachten.

Rauchschwalben sind wie Mauersegler und Mehlschwalbe gerne in
Menschennähe. Napfförmige Nester (oben offen) an Häusern und
Scheunen (meist im Innern), werden selbst durch kleine Öffnungen
gezielt angeflogen. Kehren meist zum alten Nest zurück. Durch Flug,
Färbung und langen Schwanz von Mauerseglern und anderen Schwal-
benarten zu unterscheiden. Meist in der Luft, aber auch auf Drähten
sitzend. Sucht feuchten Lehmboden für Nestbau. Ruft hoch «tswit»;
Gesang zwitschernd, plaudernd. Verbreiteter Brutvogel (März–Okt.).
Frühe Rückkehrer schon Anfang März, späte Wegzügler noch Ende
Nov. Folgt auf dem Zug in großen Scharen gelegentlich Leitlinien im
Gelände.

Mauersegler

Schwanz gespreizt

Schrill rufende Schwärme

Geschlossener Schwanz spitz

Vgl. gedrungene Silhouette bei ganz offenen Flügeln und Schwanz mit anderen Luftjägern.

Brütet unter Dächern in Städten und Dörfern (ausnahmsweise in Felsspalten). Außer beim Brüten immer in der Luft.

Helle Kehle

Ausgesprochener Luftjäger. Torpedoartiger Körper, lange, spitz auslaufende Flügel als Anpassung an das Leben in der Luft. Dunkelbraun, wirkt schwarz. Unterflügel im Auflicht heller. Flügelschlag rasant und kraftvoll im reißenden Flug. Typisch hoher, schriller Ruf, v.a. in der Dämmerung. Verbreitet. Zugvogel (Apr.–Sept., selten Okt.).

Alpensegler

Weißer «Punkt»

Schwache Gabelung

Weiß

Wie beim Mauersegler können Schwärme v.a. am Morgen und Abend unter lautschallenden Trillerrufen über Dörfern und Städten beobachtet werden. Erkennbar an weißer Kehle und Bauch.

Größe, buckliges Seitenprofil, sehr lange Schwingen und schwach gegabelter Schwanz typisch

Hellbraunes Kropfband unterteilt weisse Unterseite. Augen tief in Höhlung.

Größter europäischer Segler (doppelt so schwer wie Mauersegler). *Gefieder viel heller.* V.a. morgens und abends über Siedlungen, aber auch an Klippen im Hochgebirge und an Küsten. Flug ähnlich Mauersegler, aber kraftvoller. Ruf hoch trillernd. Brütet in Felsnischen und an Gebäuden. Lückenhaft verbreitet, in Deutschland selten. Zugvogel (Apr.–Sept.).

Wasseramsel

Fliegt schnell entlang des Flusses

Augenlid weiß

Bauch dunkelbraun

Knickst und stellt Schwanz hoch. Kehle und Brust bei Ad weiß, Rest dunkel.

Europäische Rasse

Schwimmt gut

Britische Rasse

Bauch rotbraun

Juv oben grau, unten schmutzig weiß

Kaum abseits von Gewässern zu beobachten. Überwintert teilweise im Brutgebiet. Meidet kanalisierte und langsam fließende Bäche. Untersetzte Körperform und typisches Verhalten bezeichnend; *sucht Futter am Grund von Bächen, schwimmt.* Flug geradlinig, schnell, niedrig über dem Wasser. Ruf kurz «zit-zit-zit». Verbreitet, in Deutschland bedroht.

Eisvogel

Juv haben kürzeren Schnabel als Ad. Blauton des Gefieders variiert je nach Licht.

Rüttelt zuweilen, bevor er sich auf Beute stürzt.

Heller blau

Klein, leuchtend blau gefärbt. Pfeift schrill.

Heller blau

♂

Schnabel schwarz, variable Länge

Orange Zeichnung

♀

Anflug an Bruthöhle an Böschung. Heller Rücken im Flug gut erkennbar.

Meist im Flug über dem Wasser als blauer Strich zu sehen. Sitzt gerne auf Warte knapp über dem Wasser. Stößt von dort oder nach rüttelndem Suchflug ins Wasser. Beim Balzflug hoch aufsteigend. Im Winter auch an Seen. Lückenhaft verbreitet an sauberen Flüssen mit sandigen Ufern und Teichen. Sehr hohe Sterblichkeit in kalten Wintern. Bedrohte Art.

Ringeltaube

Weißer Fleck und dunkle Außenseite der Flügel im Flug gut erkennbar, ebenfalls weißer Halsfleck

Kräftiger Flügelschlag; rundbäuchig. Weiße Flecken deutlich.

Weißer Halsfleck

Flügel innen grau

Flügel klatschen beim Auffliegen zusammen. Beachte weiße Flecken.

Von unten schwarze Schwanzbinde und rötliche Brust sichtbar

Typische Körperform mit angewinkelten Flügeln. Weißer Kragen.

Flügel beim Balzflug tief

Kleiner Kopf macht plumpen Körperbau deutlich. Schwanz überragt Flügelspitzen deutlich (vgl. Hohltaube).

Weiß

Rosa

Weißer Flügelfleck

Größte und häufigste Taubenart; *als einzige mit weißen Flecken an Hals und Flügeln.* Im Vergleich zu anderen Tauben Körper massiger, Kopf klein. Im Herbst und Winter oft in riesigen Schwärmen. Futtersuche am Boden, auf Feldern oder in Lichtungen. Kann sehr scheu, aber auch recht zahm sein (z.B. in Stadtparks). Tritt in Städten zusammen mit Haustauben auf. Fliegt rasant, direkt; bremst beim Anflug von Bäumen durch Flügelschläge. Beim Landen ist der weitgespreizte Schwanz gut zu sehen. Steigt beim Balzflug steil in die Höhe, klatscht mit den Flügeln und gleitet nachher abwärts. Ruf «kur-ku, kur-ku». Verbreitet in Wäldern, Kulturland, Obstgärten und Parkanlagen.

Hohltaube

Schwarze Flügel-
spitze und -rand
unterscheiden Hohl
von Ringeltaube.

Flügelhaltung im
typischen Gleitflug bei
der Balz im Frühling

Vgl. die hellgraue
mit der zweifarbigen
Oberseite der
Ringeltaube.

Schwarze
Spitzen

Weiß

Zwei
schwarze
Flecken

Bürzel
hellgrau

Schwanzmitte heller
grau. Hauptsächlich
grau gefärbt, Brust
bräunlich-weinrot.

Grau

Hellgrau

Grün
schillernder
Halsfleck

Geschlossener
Schwanz
rechteckig

Grau der Unterseite
variabel. Einzelne deut-
lich graublau,
v. a. im Frühling.
Schwanz kürzer
als Ringeltaube.

Kleiner und gedrungener als Ringeltaube. Kopf eckiger. Ohne größere
weiße Felder. Flügel schmaler, fast dreieckig; Innenseite geradliniger
als bei Ringeltaube. Gelegentlich in Scharen, meist aber paarweise.
Flug schnell und direkt, Flügel weniger gewinkelt als Ringeltaube. Bei
der Balz Gleitflug mit angewinkelten Flügeln. Gurrt monoton «rruu-
ru-u». Brütet in Baumhöhlen, Schwarzspechtlöchern, Nistkästen, selten
an Häusern. Besiedelt naturnahe Kulturlandschaft mit Bäumen und
Hecken, Waldränder, Wälder und Parkanlagen, sofern Nistgelegenhei-
ten vorhanden sind. In Mitteleuropa verbreitet, in der Schweiz vor allem
im Mittelland und Jura. Abnehmender Bestand, gefährdete Art.

Kleiber

Flug spechtähnlich; ruckartig, unsicher. Beachte graue Oberseite.

Weiß

Variable orange-braune Unterseite im schnellen Flug auffällig

Brütet in Baumlöchern, die er mit Lehm bis auf seine Größe zuklebt

Blaugrauer Rücken, schwarzer Augenstreif und hellbraune Unterseite bezeichnend

Sucht Futter teilweise am Boden, hüpft auffällig. Besucht auch Futterhäuschen.

Ruheloser, ruffreudiger und temperamentvoller Vogel. Ruf laut, pfeifend «twiit-twiit». Klettert an Stamm und Ästen fleissig auf und ab, ohne Schwanz als Stütze zu gebrauchen. Dämonischer Gesichtsausdruck. Fliegt unvermittelt weg, oft nur Silhouette zu erkennen. Verbreitet in Wäldern, Gärten, Obstgärten und Parkanlagen. Standvogel.

Wendehals

Imponierverhalten

Hüpft linkisch mit gehobenem Schwanz

Schwanz grau, gebändert

Schwarze Streifen

Schnabel spitz

Orange Flecken

Dunkler Streif

Tarnfarben erinnern an Nachtschwalbe. Dreht Kopf langsam («Streifenschlange»).

Reich gemustertes Gefieder bezeichnend. Imponierverhalten zur Balz oder bei Bedrohung mit gestrecktem Hals. Sammelt Futter (Ameisen, -larven) mit der klebrigen Zunge. Brütet in Höhlen. Flug wellenförmig, spechtähnlich. Meist nur zu hören, kleiberähnlich, wiederholt «quwi-whi...». Lückenhaft verbreitet, bedrohte Art. Zugvogel, (Apr.–Sept.).

Grünspecht

Kleiber

Kleinspecht

Buntspecht

Charakteristisch: Oberseite hauptsächlich grün, Scheitel leuchtend rot, Bürzel gelbgrün. Unterseite gelbgrün. Flügel gebändert, schwach gelbgrün. Vgl. ähnliche Arten (oben).

Fliegt kurz vor Landung aufwärts gegen Stamm. Klettert stammaufwärts, oft spiralförmig. Hält an, um Insekten herauszuhämmern oder Larven mit der Zunge unter der Rinde hervorzuholen.

Juv

Gesicht des Juv hell, schwarz gestreift, ohne schwarzes Feld und ohne Bartstreif der Ad

Roter Bartstreif des ♂ hebt sich deutlich vom schwarzen Gesicht ab. Die spitzen, steifen Schwanzfedern dienen als Stütze am Stamm und werden oft stark abgenutzt und zerschlissen.

Kontrastfarben (rot, grün, schwarz, gelb) und dunkler Schwanz sind beim Wegfliegen auffällig.

Bürzel gelbgrün

Gräbt Ameisen aus dem Boden, sichert dazwischen. Beachte das Fehlen von Rot im Bartstreif des ♀.

Juv oben blasser, auf der Brust auffällig gestreift

Großer Specht, nur der Schwarzspecht ist größer. Mit Grauspecht zu verwechseln, dem aber rote Kopfplatte und breiter Bartstreif fehlen (bei Grauspecht nur angedeutet). Hat wie die übrigen Spechte eine lange, klebrige Zunge. Futtersuche am Boden (Ameisen). Hüpft dabei linkisch, sichert regelmäßig. Flug ausgeprägt wellenförmig, kräftige Flügelschläge unterbrochen durch Pausen (Flügel angelegt). Ruf laut lachend, auf derselben Tonstufe bleibend (vgl. Grauspecht). Trommelt nur selten. Zimmert eigene Bruthöhle. Lebt in lichten Wäldern bis zur Baumgrenze, in Obstgärten und Parkanlagen mit hohen Bäumen; braucht offenes Gebiet zur Futtersuche. Verbreitet, Standvogel.

Grauspecht

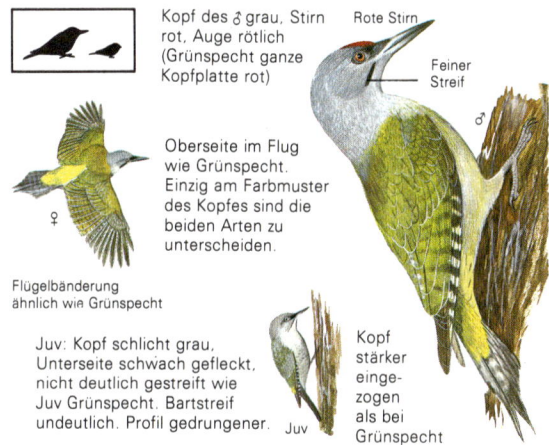

Kopf des ♂ grau, Stirn rot, Auge rötlich (Grünspecht ganze Kopfplatte rot)

Rote Stirn

Feiner Streif

♂

Oberseite im Flug wie Grünspecht. Einzig am Farbmuster des Kopfes sind die beiden Arten zu unterscheiden.

♀

Flügelbänderung ähnlich wie Grünspecht

Juv: Kopf schlicht grau, Unterseite schwach gefleckt, nicht deutlich gestreift wie Juv Grünspecht. Bartstreif undeutlich. Profil gedrungener.

Juv

Kopf stärker eingezogen als bei Grünspecht

Leicht mit Grünspecht zu verwechseln, der an Flügeln, Schwanz und Bürzel praktisch gleich gefärbt ist. Hauptunterschiede im Kopfgefieder. Grauspecht scheint am Stamm zuweilen gedrungener und rundköpfiger. *Ruf weniger laut und schallend als beim Grünspecht, absinkend und langsamer werdend.* Beide können nebeneinander vorkommen. Standvogel.

Dreizehenspecht

Beachte gelbe Kopfplatte und dunklen Rücken des Juv (vgl. Ad). Flanken und Unterseite im Vergleich zu anderen Spechten dunkler.

Juv

Beachte Verteilung des Weiß im Flug, v.a. in der Mitte des Rückens

♂ — Gelb

♀ — Weiß

Weiß

Kopffärbung charakteristisch. Beim ♀ Scheitel weißlich, Hinterkopf russig. Kopfplatte seitlich und hinten durch weiße Linie begrenzt. Weißer Wangenstreif. Beachte gefleckte Oberseite (v.a. Flügelflecken).

♀

Mittelgroßer Specht mit drei (statt vier) Zehen. *Gelbe Stirn des ♂ und weißer, dunkelbraun gefleckter Rücken und Bürzel unterscheiden ihn von anderen Spechten.* Wangen schwarz mit weißen Streifen (bei den anderen ähnlichen Spechten umgekehrt). Besiedelt subalpine Nadelwälder, lokal verbreitet. In Deutschland selten, auf den Süden beschränkt.

Kopf
ohne Rot

Roter Fleck

Rote Unter-
schwanzdecken

♀

Juv unter Schwanz
weniger rot. Rote
Kopfplatte. Wie
Ad weiße Schulter-
flecken, die gut
sichtbar sind.

Weiße
Schulterflecken

Im Gegensatz zu Kleinspecht mehr *Rot unter dem Schwanz und weiße Schulterflecken*, die im Flug und beim kletternden Vogel sichtbar sind. Trommelt im Frühling. Hacken an Rinde gut hörbar. Tief wellenförmiger Flug. Ruf hart «tschick», oft gereiht. Verbreitet in Wäldern, Gärten, Obstgärten. Standvogel.

Kleinspecht

Ohne Weiß
an Schultern

♂

♀

Unterseite ohne Rot

♂

Roter
Scheitel

Sucht gerne an
dünneren Ästen Futter

Stirne weiß

Schwarzweiße Bänderung
deutlich. Spatzengroß.
Juv wie Ad; ♂ und ♀
ohne Rot am Scheitel,
Gesicht bräunlicher

♂

♀

Juv

Kleinster europäischer Specht. Fehlendes Rot unter dem Schwanz unterscheidet ihn von den anderen Spechten. Scheitel beim ♂ rot, beim ♀ weiß. Wellenförmiger Flug, schwebender Balzflug. Ruf hoch «qui-qui...», gereiht. Lebt versteckt in Laub- und Mischwäldern, Obstgärten und Parks. Oft an dünneren Ästen. Liebt weiche Hölzer. Standvogel.

Weißrückenspecht

Weißer Bürzel im Flug charakteristisch

♂: rote Kopfplatte. Gebänderte Flügel und unten schwarz begrenzte Wange auch im Flug erkennbar. Bürzel weiß.

♂

Schwarzer Streif

Weißer Bürzel

Vgl. Bänderung und Ausmaß von Rot mit Mittelspecht

♀

Juv von unten ähnlich Mittelspecht, aber weniger rot; größer. Beachte die schwarze Kehllinie.

♂

Größte «Buntspechtart». Schwarzer Bartstreif entlang der Kehle fortgesetzt. *Charakteristischer weißer Bürzel im Flug erkennbar.* Flügel stärker weiß gefleckt als Mittelspecht, aber ohne weiße Schultern. Flug typisch wellenförmig. Seltene Art; fehlt in der Schweiz, in Deutschland auf den Süden beschränkt, selten. Bewohnt Laub- und Mischwälder.

Mittelspecht

♀ blasser als ♂, weniger lebhaft rot

Schulterfleck, Gesicht und Kehle weiß (vgl. Weißrückenspecht). Auf dem Unterflügel kleinere Flecken, weniger Rot unter dem Schwanz.

Von unten gesehen sind Mittel- und Weißrückenspecht sehr ähnlich.

Roter Scheitel

Juv

♂ Kopfmuster und schwarze vordere Flügelhälfte unterscheiden ihn vom Weißrückenspecht. Beachte den rundlicheren Kopf und den feineren Schnabel («weicherer» Gesichtsausdruck).

♀

Etwas kleiner als Buntspecht. Weißeres Gesicht und feinerer Schnabel verleihen ihm typischen Ausdruck. *Scheint wegen der weißeren Wangen blasser.* Im Flug Nackenregion ähnlich wie Weißrückenspecht. Im Frühling einsilbiger, quäkender Ruf. Trommelt selten. Besiedelt Eichen-Hagebuchenwälder der Niederungen; gerne in feuchten Gebieten. Bedrohte Art.

Größe, Silhouette und
russig schwarzes Gefieder
erinnern an Krähe.
Schwanz dagegen spitz
auslaufend und Hals länger.
Flug kann wellenförmig sein.

Kopf im Flug kaum
merklich vom kräftigen
Hals abgesetzt

Flügelspitze fingerartig

Fast senkrechte Haltung
bei Territoriumskämpfen

Auge blaßgelb

Schnabel
hell, kräftig

Beim ♂ ganze Kopfplatte
rot, beim ♀ nur roter Fleck
am Hinterkopf. Im Flug
ist das Rot auch beim ♂
oft kaum erkennbar.

♂

Bruthöhle scheint
oft zu groß für
den Stamm

♀

Kopf und Halsform
erinnern im Profil an
einen Hammer, im Gegensatz
zu den übrigen
Spechtarten Europas.

Der Schwarzspecht ist allein schon an seiner Größe zu erkennen. Charakteristisch sind im weiteren der helle, kräftige Meißelschnabel, das blaßgelbe Auge und die Gefiederfärbung. Ziemlich scheu und trotz seiner Größe schwierig zu beobachten. Fliegt meist unerkannt schon auf große Distanz weg. Das kräftige Hacken bei der Futtersuche ist gut hörbar. Sucht Futter unter der Rinde (Holzkäfer) oder am Boden (Ameisen). Trommelt im Frühling weit hörbar. Ruft laut, dohlenartig «tschjok» oder «kri-kri…». Verbreitet in ausgedehnten, zusammenhängenden Nadel- und Mischwäldern bis zur Baumgrenze. Standvogel. Bereits im ersten Jahr streichen Jungvögel vom Spätsommer an umher; können große Distanzen zurücklegen.

Blauracke

Juv ohne schwarze Schwanzspitzen

Flug leicht, geradlinig. Färbung auf weite Distanz kaum erkennbar.

Im gaukelnden Balzflug Farben deutlich

Ad im Frühling

Juv schlichter als Ad

Dohlengroß, mit kräftigem Schnabel und großem Kopf. Im Frühling ist die *Kombination von Kastanienbraun und Blau unverkennbar* (im Herbst verwaschener). Sitzt oft längere Zeit still und wird leicht übersehen. Erbeutet von Sitzwarte aus (Bäume, Telefondrähte) Insekten am Boden oder im Flug. Ruf krähenähnlich «krak-krak». Seltene Ausnahmeerscheinung.

Bienenfresser

Orange

Flug anmutig, schwalbenähnlich. Jagt im Flug Insekten. Landet mit angewinkelten Flügeln.

Gelbes V

Gelbes V

Lebhafte Farben der Oberseite ineinander übergehend; gelbes V und orange Unterflügel hervortretend

Schnabel lang, spitz

Gefieder bunt und kontrastreich. Mittlere Schwanzfedern herausragend, Flügel spitz.

Atemberaubende Farben. Spitzer, leicht gebogener Schnabel und Körperform sind einzigartig. Meist gesellig. Sitzt gerne auf Drähten oder kahlen Ästen. Juv schlichter als Ad, ohne herausragende Schwanzfedern. Ruft häufig; knarrend «tscharrar» oder im Flug flüssig «kieilp». Sehr selten. Brütet vereinzelt und sporadisch in Deutschland.

Wiedehopf

Schnabel leicht gebogen

Haube in Erregung und beim Landen gesträubt

Flug schmetterlingsartig, unstet. Kontrastreiche, schwarzweiß gebänderte Flügel, langer Schnabel und Kopfhaube. Unverkennbar.

Am Boden leicht zu übersehen

Aufrechte Haube und langer Schwanz bezeichnend

Unverkennbar. Bei der Futtersuche in lockerer Vegetation am Boden leicht zu übersehen und erst beim Auffliegen zu bemerken. Erbeutet mit dem langen, leicht gebogenen Schnabel Großinsekten aus dem Boden. Nest in Höhlen, oft voll Unrat. *Ruf dumpf «pup-up-up»*, weit hörbar. Gefährdeter Brutvogel in buschreichem Kulturland. Zugvogel (Apr.–Sept.).

Elster

Langes Gleiten im Flug ist typisch für Elster.

Weißes V

Weißes Band

Schwanz lang, Flügel rund

Grünblau schillerndes Gefieder scheint im Feld schwarz.

Juv (unten) mit kürzerem Schwanz

Form, Gefieder, scheinbar unbeholfener Flug und heiserer, schäckernder Ruf bezeichnend. Am Boden mit leicht gehobenem Schwanz, hüpft auch. Wachsam. Verbreitet im Kulturland mit Hecken und einzelnen Bäumen. Meist paarweise, im Winter in kleinen Gruppen. Nahrung vielseitig, plündert im Sommer Vogelnester. Anpassungsfähiger Kulturfolger. Standvogel.

Eichelhäher

Flug wirkt unbe-
holfen, langsame
Flügelschläge.

Weißer Bürzel und
blauweiße Flügel
beim Abflug
auffällig

Rötlichbraune,
schwarze und weiße
Unterseite im
Flug deutlich

Hüpft häufig bei
der Futtersuche

Gefieder nach Rassen
verschieden. Auf dem
Kontinent grauer.

Gesichtsausdruck, kräftiger
Schnabel und Färbung
bezeichnend. Kopffedern bei
Erregung gesträubt (Haube).

Wachsam und scheu. Sucht Futter in Bäumen, Büschen und am Boden.
Allesfresser. Versteckt im Herbst Eicheln und Nüsse im Boden. Flug
wirkt unbeholfen; weicht meist sofort in Deckung. Neben *heiserem
Kreischen* viele verschiedene Rufe. Lebt gewöhnlich paarweise. Weit
verbreitet bis zur Baumgrenze, in Wäldern, großen Parks und Gärten.
Standvogel.

Unglückshäher

Achselhöhle
orange

Helleres Gefieder;
Schnabel und
Kopf dunkel
abgehoben. Flug
wie Eichelhäher.

Schwanz
tief orange

Mitte grau

Kopf dunkel

Schnabelwurzel
heller, mit
kleinen Borsten

Brust grauorange

Kopf schwarzbraun
mit mausgrauem
Kragen

Beachte den
vollen Kropf

Nur selten außerhalb der Taigawälder Eurasiens. *Kaum mit anderer
europäischen Art zu verwechseln. Kleiner und langschwänziger als Eichelhäher. Fuchsrote Zeichnung in Schwanz und Flügeln.* Weniger ruffreudig
(«suk-kuk») und zahmer als Eichelhäher; im Winter bisweilen in der
Nähe von Siedlungen. Nur seltener und sporadischer Irrgast im Winter
(Invasionen).

Dohle

Im Flug in der Nähe von Klippen, Häusern oder Felsen

Brust grau

Paar an Nesthöhle in Baumstamm

Flugprofil. Beachte runden Schwanz.

Typisches Flugprofil

Fressend auf Dach

Nacken grau. Scheitel schwarz. Auge hell

Kleiner Krähenvogel. Keck und neugierig. An Häusern oder am Boden zu beobachten, stolzierender Gang. Gesellig, nur selten einzeln. Brütet in Mauernischen, Nistkasten, Felslöchern oder Baumhöhlen. Flug schnell, gewandt. *Neben anderen Rufen «kijak» und «kjaa» unverkennbar.* Brütet kolonienweise. Lokal verbreitet, auch im Winter.

Tannenhäher

Läßt sich von Wipfeln frei fallen, um Geschwindigkeit zu gewinnen. Flug wie Eichelhäher.

Weißes Dreieck

Schwanz kurz

Flügel sehr breit

Beachte grobe Flecken vorn und am Rücken.

Sammelt im Herbst Samen im Kehlsack

Schnabel lang, stark; Flügel dunkel, Gefieder gefleckt

Schwanz der sibir. Rasse

Weiße Endbinde

Dohlengroß mit langem Schnabel. Mitteleuropäische Rasse mit dickerem Schnabel als skandinavische; sibirische Rasse dünnschnäblig mit wenig Weiß am Schwanz, erscheint in einzelnen Jahren invasionsartig im Herbst. Brütet in subalpinen Nadelwäldern. Ruf eichelhäherartig. Im Winter auch im Tiefland zu beobachten.

Alpenkrähe

Flügel im Flug
S-förmig (vgl. Dohle)

Vgl. Schwanz
mit Alpendohle

Wirkt
im Flug
zersaust

Roter
Krumm-
schnabel

Juv: Schnabel orange

Gefieder blau-
schwarz

Flügel
gefingert

Alpenkrähen und
Dohlen in gemischten
Schwärmen. Profile ähnlich.

Beine rot

Dohle

Meist in laut rufenden, kreisenden Schwärmen zu beobachten. Voll-
führen akrobatische Flugspiele. Größer als Dohle. Stark gefingerte,
lange Flügel. Ruf langgezogen, hoch und scharf «kjau». *Schnabel und
Beine rot*, Gefieder blauer schillernd als bei der viel häufigeren Alpendohle. An Klippen, Felsen und Ruinen. Seltene, gefährdete Art.

Alpendohle

Flugprofil gestreckter
als Alpenkrähe

Schnabel kürzer
als Alpenkrähe

Gleicht im Flug-
profil eher der
Krähe als die
Alpenkrähe

Flügel schmaler als Alpenkrähe.
Schwanz länger und keilförmiger.

Schnabel gelb

Holen Abfälle an
Berghotels und Skiliften

Schnabel kürzer und Kopf
etwas runder als Alpenkrähe

Körper plumper und birnen-
förmiger als Alpenkrähe;
Schwanz überragt Flügelspitzen

Rote Beine

Auf Entfernung mit Alpenkrähe oder Dohle zu verwechseln, obwohl
Unterschiede im Profil und den Flügeln bestehen. Beine des Juv
schwärzlich, werden allmählich rot wie bei Ad. Ruf einsilbiger, «skir-
risch». Brütet im Hochgebirge, höher als Alpenkrähe (z.B. Alpen,
Pyrenäen); im Winter auch im Tiefland. In Deutschland nur lokal,
selten.

Rabenkrähe

Kopf kürzer als
Saatkrähe oder Kolkrabe

Flug langsam,
ruhig. Rundum
schwarzes Gefie-
der bezeichnend.

Flügel breit, Schwanz
gerade abgeschnitten
(vgl. Kolkrabe, Saat-
krähe), beim Segeln
gerundet

Krächzend

Federhosen am
Bein weniger
üppig als bei
Saatkrähe, eng
anliegend

Typische
Flugprofile

*Tief krächzender Ruf, «kraah» und «kewaak», unterscheidet Raben-
krähe von Saatkrähe, deren Juv der Rabenkrähe sehr ähnlich ist. Sehr
aufmerksamer Vogel. Meist einzeln oder paarweise, oft aber auch in
kleineren bis großen Schwärmen zu beobachten. Flug geradlinig und
bestimmt. Weit verbreitet im Kulturland mit Bäumen, sogar in Städten.
Standvogel.*

Nebelkrähe

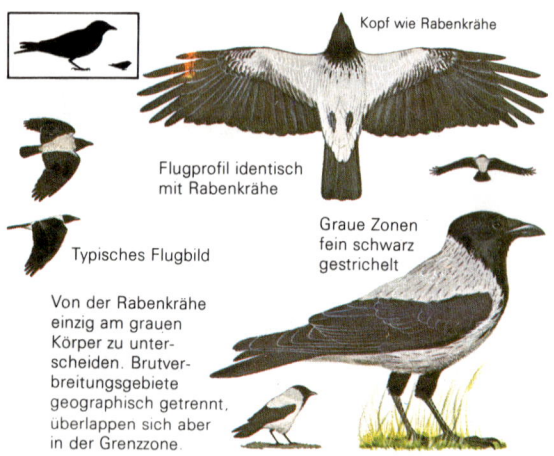

Kopf wie Rabenkrähe

Flugprofil identisch
mit Rabenkrähe

Typisches Flugbild

Graue Zonen
fein schwarz
gestrichelt

Von der Rabenkrähe
einzig am grauen
Körper zu unter-
scheiden. Brutver-
breitungsgebiete
geographisch getrennt,
überlappen sich aber
in der Grenzzone.

Verhalten und Gewohnheiten wie Rabenkrähe. Die beiden sind Rassen
derselben Art und vermischen sich im Grenzbereich der Verbreitung.
Gangart wie Rabenkrähe, weniger «watend» als Saatkrähe. Territorial,
Einzelbrüter. An Stimme kaum von Rabenkrähe zu unterscheiden.
Ersetzt Rabenkrähe in Nord- und O-Europa. In der Südschweiz (v.a.
Tessin) brüten beide Rassen.

Saatkrähe

Kopf lang

Rabenkrähe

Keilschwanz

Saatkrähe

Flügel etwas spitzer als Rabenkrähe

Langer Schnabel

Hohe Stirn   Nacktes Gesicht

Juv Saatkrähe

«Federhosen»

Krächzend

Form im Flug und am Boden verschieden von Rabenkrähe. Am besten am *nackten Gesicht* zu erkennen. Flug schneller und beweglicher, Gang watender. *Sehr gesellig, brütet in Kolonien.* Ruf höher als Rabenkrähe, «kaak». Besiedelt offenes Kulturland mit Bäumen. In der Schweiz vor allem im Winter, seltener Brutvogel. In Deutschland verbreitet.

Kolrabe

Im Gleitflug

Im Sturzflug

Keilform

Kopf und Schnabel langgezogen. Relativ lange, schmale Flügel, langer Keilschwanz.

Langgezogene Flügel

Mächtiger Schnabel und zottiger Bart

Sehr groß (größer als Bussard). Leichter Gleitflug, unterbrochen von kräftigen Flügelschlägen bezeichnend für Kolkrabe, der trotz seiner Größe ein gewandter Luftakrobat ist. *Ruf tief, oft wiederholtes «prak-prak» und «grok».* Meist paarweise, nicht selten in Schwärmen. Bewohnt das Gebirge, Felsen und Küstenklippen. Brutvogel. Standvogel.

87

Wachtelkönig

Flug unbeholfen, flatternd. Sieht wie bräunliches Teichhuhn aus.

Imponierverhalten der ♂

«Hängende» Beine und stark gefleckter Rücken beim Auffliegen markant

Schnabel lang (vgl. Wachtel)

Unterflügel rotbraun

Rufende Vögel

Gebändert

Sehr scheu und daher kaum zu sehen. Verschwindet bei geringster Störung in Deckung. Stelzender, rallenartiger Gang. *Der anhaltende Ruf zur Brutzeit («rak-rak», wie ein über eine Kante gezogener Kamm) ist oft das einzige Lebenszeichen.* Lebt versteckt in feuchten Mähwiesen. Zugvogel (Mai–Okt.). Brutvogel in Deutschland und der Schweiz, stark abnehmend.

Wachtel

Vgl. Rebhuhn

Kopfmuster des ♂

Gleicht einem kleinen jungen Rebhuhn. Oberseite braun, weiß und schwarz gestreift. Meist erst beim Wegrennen zu sehen.

Flug schnell, gerade, rasche Flügelschläge (vgl. Rebhuhn)

Vgl. Rebhuhn

♀

♂

♀

Flügel lang, schmal

Da die Wachtel bei Störung kaum auffliegt, sondern sich drückt, ist sie kaum je zu sehen. Charakteristischer Ruf (Wachtelschlag), wiederholtes *«quit-ker-hit»*, im Sommer zu hören. Bewohnt vor allem nicht intensiv genutzte Wiesen. Bestand schwankt sehr stark (Wachteljahre). Einzige ziehende Hühnerart (Mai–Sept.). Bedrohte Art.

Rebhuhn

Schnabel hornfarben

Typische Ansicht im Gleitflug

Kopf orange

Brust grau

Kastanienbraunes Hufeisen

Beine grau

Graue, rotbraun gebänderte Flanken

Vgl. Flügelform mit Rothuhn

Auf Getreidefeldern sehen Wachtel und Rebhuhn wie Tupfen aus.

Beachte graue Brust und Hufeisen

Auf Feldern, Mooren und Heide, paarweise oder in kleinen Gruppen. *Oranger Kopf, graue Brust, gebänderte Flanken und Hufeisen* bei Ad charakteristisch. Fliegt in lockerer Formation meist niedrig. Rasche Flügelschläge, gewellter Gleitflug. Rennt schnell. In Deutschland verbreiteter, in der Schweiz bedrohter Brutvogel, trotz Aussetzungen für die Jagd.

Rothuhn

Rücken einfarbig

Rahmfarben

Schnabel rot

Flanken gebändert

Beine rot

Flügel runder als Rebhuhn. Vgl. Halslänge.

Kehle weiß, schwarz umrandet. Beine rot. Flanken deutlich gebändert.

Augenstreif

Flanken markant gebändert

Bauch orange

Wirkt allgemein rundlicher als Rebhuhn. Rennt eher weg als aufzufliegen. Eher auf offenem, kurzrasigem Boden als Rebhuhn. *Sitzt gerne auf erhöhten Stellen* (Zaunpfähle, Dächer), das Rebhuhn immer am Boden. Beide können nebeneinander vorkommen. Flug ähnlich. Ruf rauh «tschak-tschak» oder langsamer «tschek-tschek». Südwesteuropa, in England eingeführt.

Fasan

♂ weit weg

2 Rassen in Europa, eine häufige mit, die andere ohne Halsring

Fliegt in dichter Vegetation steil auf

♂

♀

Weißer Ring

♀ gelbbraun. Größe, langer Hals und Schwanz typisch.

♂

Alle ♂ mit roter Haut am blaugrünen Kopf. Flügeldecken (braun bis graublau) und Bürzel (grünlich bis orange) sind variabel.

Einzige häufige, langschwänzige Art dieser Größe (andere exotische Fasane können vorkommen). Juv mit halbgewachsenem Schwanz mit Rebhuhn zu verwechseln. Fliegt meist niedrig, kurze Strecken (außer auf der Jagd). Flügelschläge gefolgt von Gleitflug. Fliegt bei Störung geräuschvoll und rufend hoch. Verbreitet, wird für die Jagd ausgesetzt.

Haselhuhn

♀

Oberseite gräulichbraun gemustert; Federn hell gesäumt. Im nördlichen Verbreitungsgebiet grauer, im Süden brauner.

Unterbrochene Schwanzbinde

Weiße Kehle

Sitzen oft auf Ästen

♂ mit rotem Fleck über dem Auge, typischer Kopfzeichnung und oft stark gefleckter Unterseite

♂

Weiß

Weiß

Flügel lang, Schwanz mit typischer dunkler Endbinde

♂

Einziges kleines Waldhuhn, sitzt gerne auf Zweigen. Unterscheidet sich in Form, Gefieder und Stimme von anderen Hühnerarten. Charakteristische *schwarze Endbinde am Schwanz* im Flug erkennbar. Erzeugt im Flug pfeifenden Ton. Ruf pfeifend. Besiedelt Misch- und Nadelwälder im Hügelland und Gebirge (Schweiz 600–1200 m ü.M.). Lokal gefährdete Art.

Auerhuhn

Ad ♂ im Flug

♀ oben schwarz und braun, Schwanz rotbraun. Weiß im Unterflügel.

Aufflug im Geäst sehr geräuschvoll, nachher schnell und ruhig. Kurze Phase mit kraftvollen Flügelschlägen gefolgt von längerem Gleitflug.

♀

Flügelspitzen nach Hühnerart typisch gefingert

Oranges Brustband

♀

Balzendes Ad ♂

Kopf- und Kehlfedern bei Gefahr gesträubt. Schwanz rotbraun, Flanken gestreift.

Balzendes ♂ aufgeplustert, 2 weiße Flecken

Schon an der Größe zu erkennen: ♂ *fast so groß wie ein Truthahn*. Besiedelt vor allem naturnahe *Nadelwälder*, teilweise auch Mischwälder. Im Sommer suchen Henne und Junge Nahrung meist am Boden. Futtersuche im Winter hauptsächlich auf Bäumen (Koniferennadeln). Selten werden auch Getreidefelder und Mähwiesen aufgesucht. Auerhühner nächtigen auf Bäumen. ♂ verteidigt im Frühling und Herbst ein Territorium am Balzplatz, wo sich mehrere ♂ einfinden. Das Balzspiel ist sehr vielfältig, begleitet von eigenartigen Rufen; ♂ springt im Flatterflug mit polterndem Geräusch 1–2 m in die Höhe. Standvogel. Störungsanfällig. Brutvogel Deutschlands und der Schweiz, bedroht.

Im Profil Kopf leicht gehoben, rundbäuchig

Im Flug kontrastreich dunkelweiß

Moorschneehuhn

Schwanz gerundet

Form hühnerartig. Gefieder dunkel rostbraun. Flugfedern und Steuerfedern des Schwanzes dunkelbraun.

♀ und Imm Moorschneehuhn weniger rötlich als ♂. Gefieder gelblicher. Beide Geschlechter mit rotem Fleck über dem Auge und jederzeit weißbefiederten Beinen.

Spitzen gefingert

♂ Frühjahr

♀ Frühjahr

Moorschneehuhn: Gefieder des ♂ im Frühjahr rötlicher als ♀ und Imm

Schott. Moorschneehuhn (Norwegische Rasse)

Schott. Moorschneehuhn (Herbst)

Schott. Moorschneehuhn (Winter)

Schott. Moorschneehuhn (Sommer)

Schott. Moorschneehuhn ♂ Frühjahr

Schott. Moorschneehuhn im Sommer/Herbst im Flug wie Moorschneehuhn, Flügel aber rein weiß. Im Winter ganz weiß wie Alpenschneehuhn, Schnabel jedoch kräftiger. Norweg. Rasse im Sommer mit rostroten Flanken

Schott. Moorschneehuhn: Verbreitetes Jagdwild der Moore Großbritanniens und Irlands; eingeführt in Belgien. Plumpe Form und breite Flügel ähnlich wie Rebhuhn, aber größer. *Scheint im allgemeinen sehr dunkel,* fast russig, obwohl die Färbung sehr variabel sein kann. Flug schnell, niedrig. Schnelle Flügelschläge wechseln mit Gleitflug. Ruft meist, wenn aufgescheucht. Moorschneehuhn: *Ruft guttural «kol-kok-ok-ok» oder tief «go-bäk».* Verhalten und Größe wie Schott. Moorschneehuhn, doch sind die beiden geographisch getrennt. Verbreitet in N-Europa, fehlt in Großbritannien. Die beiden Moorschneehühner sind zwei Rassen derselben Art und unterscheiden sich im Gefieder.

Alpenschneehuhn

Aufgerichtet als weiße Punkte sichtbar, wenn Greifvogel vorbeigeflogen ist

Zur Mauser fleckig

Schneehuhn ♀

Schnabel kräftig

♂ Winter

Moorschneehuhn

Pro Jahr dreimaliger Gefiederwechsel beim Ad. Bauch und Flügel immer weiß.

Schneehuhn ♂ — Sommer

Sommer

♂ ♀

Im Winter weiß, einzig am Schwanz schwarz. ♂ mit schwarzem Augenstreif (vgl. ♀ und Moorschneehuhn).

Form und Flugbild den anderen Rauhfußhühnern (Hasel-, Auer-, Birk-, Moorschneehuhn) ähnlich, aber kleiner. Wenig scheu, aber an steinigen Hängen der Alpen über der Baumgrenze oder in der Tundra vorzüglich getarnt und kaum zu sehen. Vom ähnlichen Moorschneehuhn durch *feineren Schnabel* zu unterscheiden. Ruft krächzend «arrruk». Standvogel.

Birkhuhn

♂

Weiße Binde

Leierförmiger Schwanz

Ad ♀

Gabelschwanz

Größer und grauer als Moorschneehuhn

♂ im Flug kontrastreich

♀ rötlich braun mit feiner, heller Flügelbinde

Unterflügel mit viel Weiß (♂, ♀)

♂

Brutkleid ♂

Bei Balz Schwanz gefächert, Flügel hängend. Rote Kopfhöcker.

Schwanz bei ♂ und ♀ verschieden. ♂ einzige Art mit *Leierschwanz und schwarzweißem Gefieder.* ♂ Imm schwarzbraun. Eindrückliche Balz mit mehreren Hähnen. Flug schnell, rasche Flügelschläge wechseln mit langen Gleitflügen. Besiedelt Wälder am Rand der Heide (Deutschland), in den Alpen entlang der Baumgrenze. Standvogel. Lokal gefährdet.

Kuckuck

Juv rotbraun, gleicht Turmfalken ♀. Graue Variante kommt vor. Beachte Flügelform.

Weißer Fleck

Schwanz schwarz mit weißen Punkten. Oberseite grau.

♂

Rufendes ♂ Ad

Brust grau, Unterseite gebändert. Flügel leicht hängend.

Weißer Nackenfleck

Fächert den Schwanz kurz bevor er im Gezweige landet.

Kopf des Juv

Durch spitze Flügel und langen, gestuften Schwanz an Falken erinnernd, aber mit anderer *Schnabelform, kleinem, spitzem, hochgehaltenem Kopf.* ♀ und Juv kommen in grauer (ähnlich ♂) und brauner Farbvariante vor. Flug gerade, Flügelschlag unter der Horizontalen. «Kuckuck»-Ruf des ♂, neben anderen. ♀ ruft glucksend. Zur Brutzeit verbreitet.

Nachtschwalbe

Weiße Flecken (nur ♂)

♂

Unterflügel gebändert

Typische Flugprofile

Ruht tagsüber in Kauerstellung

Überall stark gebändert

Weiße Spitzen (nur ♂)

Borsten schützen Auge vor Insekten

Am Nest

Durch Färbung vorzüglich getarnt. Großer Rachen. Flügel lang, gewinkelt, leichter Flug. Greifvogelähnliche Silhouette. Jagt vornehmlich in der Dämmerung; erbeutet im gewandten Flug Nachtschmetterlinge. Lauter, surrender Gesang. Brütet auf dem nackten Boden, in Waldlichtungen, Heiden und Brachland. Bedrohter Brutvogel. Zugvogel (Apr.–Sept.).

Fischadler

Flügel deutlich gewinkelt; rüttelt oft mit hängenden Beinen.

Suchflug langsam, Kopf tief gehalten. Rüttelt oft.

Rüttelt oft hoch oben, anschließend erneut etwas tiefer. Weiß an Kopf und Unterseite bezeichnend.

Stoßtauchen direkt oder unterbrochen, um der Beute zu folgen

Band variabel

Scheitel weiß

Taucht zuerst mit den Füßen ins Wasser ein

Fliegt mit stark gewinkelten Schwingen. Flügelmusterung variabel.

Immer weiß

Kann ganz eintauchen, aber nur kurz, um Naßwerden zu verhindern.

Dunkler Fleck am Bug

Unterseite variabel, dunkel bis sehr hell

Flügel selbst beim Kreisen oft gewinkelt

Gefieder beim Juv oben hell gesäumt (Ad ziemlich einfarbig dunkel), unten wie Ad

Großer, braun und weiß gefärbter Greifvogel mit langen, schmalen Flügeln, die im Flug meist leicht gewinkelt sind. *Der helle Kopf mit dem breiten, dunklen Augenstreif ist auffällig.* Variables dunkles Brustband (breit und deutlich bis blaß), fehlt selten. Unterflügel weiß und braun, variabel. Meist in Wassernähe (Nahrungsgebiet, Fischfresser), kann aber abseits übernachten und nisten; trägt Beute über große Strecken. Weit verbreitet. Brütet in Europa vor allem im Norden und Osten, sowie in einzelnen Mittelmeerregionen. In Deutschland und der Schweiz ausgestorbener Brutvogel, ist aber mehr oder weniger regelmäßig auf dem Zug zu beobachten. Leidet unter Verfolgung und Gewässerverschmutzung.

Turmfalke

♀ und Imm oben rotbraun,
Schwanz deutlich schwarz
gebändert

♂ mit blaugrauem Kopf,
Bürzel und Schwanz
(oft kaum erkennbar) mit
schwarzer Endbinde.
Flügel außen
dunkel (wie ♀).

♂

♀

Typisches Profil im Gleitflug mit spitzen Flügeln und
langem, schmalem Schwanz

Fliegt von Warte gegen den
Wind, rüttelt mit tief
gehaltenem Kopf und weit
gespreiztem Schwanz. Kann
«still stehen», indem er den
Windeinfluß durch angepaßte
Schlagfrequenz korrigiert.

Schwarze
Endbinde

Flügel beim Gleiten leicht
abgewinkelt, Schwanz ge-
fächert. Unterseite blaß
mit feiner Bänderung,
scheint aber oft dunkel.

Typisches
Flugbild

Imm ♀

Sperber

Vgl. Sperber mit
breiterem, kür-
zerem und
stärker gebän-
dertem Schwanz.

Imm ♂ können
grauen Schwanz
haben (nicht
alle; auch
einzelne Imm ♀).

Häufigster und am weitesten verbreiteter Greifvogel, brütet sogar in
Städten. *Rüttelt sehr häufig* über offenem Gelände, auch entlang von
Autobahnen. Kann mit Sperber oder Merlin verwechselt werden, die
aber viel seltener sind; unterscheidet sich durch den *langen Schwanz und
das häufige Rütteln im Flug*. Sitzt gerne auf Bäumen, Dächern oder
Leitungsdrähten. Ernährt sich hauptsächlich von Mäusen, frißt aber
auch Insekten und Kleinvögel. Brütet in Häusern, auf Bäumen (alte
Krähenhorste) und geeigneten Nistkasten. Typischer Falkenflug, Flügelschläge unterbrochen von Gleitflug. Segelt oft. Stößt nach Rüttelflug
senkrecht auf Beute. Ruft hoch «kwi-kwi-kwi». Überwintert teilweise.

Baumfalke

Kinn hell; dunkle Bartstreifen

Juv

Schwanz kurz
(vgl. Turmfalke)

Sehr
spitze
Flügel

Flügel beim Gleitflug leicht gewinkelt (Turmfalke fast gestreckt). Schwanz kürzer als Turmfalke. Unterseite beim Juv dunkler gezeichnet als Ad.

Dunkler Kopf und Bartstreif heben sich auf große Distanz vom hellen Kinn und Kragen ab. Körper unten kräftig gestreift und Flügel fein gebändert, ebenfalls deutlich gegen schwarzweißes Gesicht abgehoben. Ad einziger Falke mit rötlichen Schenkeln (Hosen).

Rote Schenkel

Fängt Insekten mit den Füßen und reicht sie zum Schnabel. Alle Insekten und einzelne Vögel werden so in der Luft gefressen.

Durch den kräftigen, federnden Flügelschlag (v. a. ♂) scheint der Flug äußerst leicht und geschmeidig.

Auf der Jagd nach Schwalben (häufige Beute)

Kopfmuster, graubraunes Gefieder und rotbraune Hosen typisch

Schlank, elegant und prächtig gefärbt. *Gleicht auf Entfernung einem großen Segler. Farbmuster des Kopfes für alle Baumfalken bezeichnend.* ♀ wenig größer als ♂. Juv oben dunkelbräunlich. Kommt oft wie andere Greifvögel zur selben Tageszeit an denselben Ort. Sehr schneller Flug; kann in Kürze außer Sichtweite geraten. Seine erstaunliche Flugfertigkeit erlauben es ihm, auch andere gute Flieger scheinbar mühelos im Flug zu erbeuten (Schwalben, Segler). Ruft selten, meist nur zur Brutzeit. Bewohnt offenes, bewaldetes Gelände, gerne in der Nähe von Gewässern. In Deutschland und der Schweiz gefährdeter Brutvogel. Zugvogel: Rückkehr aus dem Winterquartier Ende Apr., verläßt das Brutgebiet im Sept.

97

Sperber

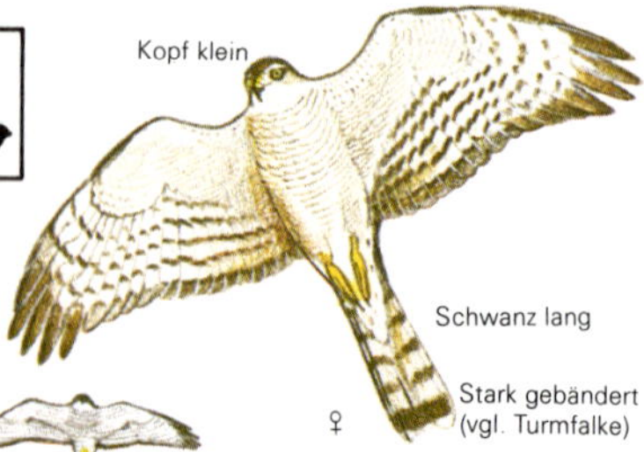

Kopf klein

Kleiner Kopf, breite Flügel und gerade abgeschnittener Schwanz bezeichnend. Körper- und Flügelunterseite vorne fein, hinten und am Schwanz stark gebändert.

Schwanz lang

Stark gebändert (vgl. Turmfalke)

♀

Im Gleitflug Schwanz oft geschlossen, Flügel ziemlich spitz auslaufend

♀

Stürzt sich oft nach Erkundungsflug aus großer Höhe in Bodennähe, um aus der Deckung zu jagen.

Flügel beim wegfliegenden Sperber gewöhnlich wie beim Turmfalken spitz auslaufend, doch ist der Schwanz des Sperbers breiter und fast rechteckig.

Juv wie ♀ gefärbt, aber brauner. Beachte die Form des Kopfes und den Augenstreif.

Vgl. Gleitflugprofil (Schwanz geschlossen) mit Turmfalke

♀ Juv (gleicher Maßstab wie ♂ unten)

♂ vorne rostbraun, am Rücken schiefergrau

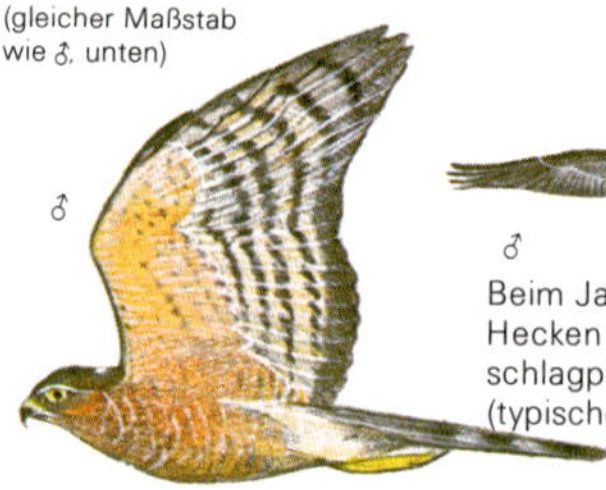

♂

♂

Beim Jagen entlang von Hecken wechselt Flügelschlagphase mit Gleitflug (typischer Sperberflug).

Als kleiner Greifvogel des Waldes ist der Sperber ein äußerst gewandter Flugjäger, der seine Beute (Kleinvögel) aus der Deckung heraus verfolgt und schlägt. ♀ oben graubraun; unten weiß gebändert. ♂ kleiner, an der schiefergrauen Oberseite und der rostroten Unterseite kenntlich. Bei Juv ♂ und ♀ ähnlich gefärbt. Jagt fast ausschließlich Kleinvögel in der Luft oder am Boden. ♂ fängt Beute von Meisen- oder Spatzengröße, ♀ Staren- bis Drosselgröße. Eigenartige Flugspiele gehören zum Balzspiel (März–Apr.). Besiedelt Wälder und baum-, busch- und heckenreiches Kulturland bis zur Baumgrenze. Lückenhaft verbreitet. Hat unter den Pestiziden gelitten und ist heute eine bedrohte Brutvogelart. Teilweise Überwinterer.

Habicht

Gleitflugprofil

Juv unten gelblicher; Körper gestreift oder gefleckt, nicht gebändert (vgl. Sperber)

♂ macht zur Balz Sturzflüge bis 200 m.

Viel größer, kräftiger gebaut als Sperber. Schwanz breiter, kürzer. Flügelspitzen beim Gleiten stärker gefingert (vgl. Falken im Gleitflug).

♀

Körper des Juv unten gestreift, nicht gebändert. (Vgl. Sperber).

♀ Juv

Sperber ♀ (gleicher Maßstab wie Habicht)

Schwanz schmaler

Juv

Im Gleitflug Flügel ziemlich spitz

♂

Vgl. kleineres ♂ mit ♀. Vgl. Kopf mit Sperber.

Auf dem kraftvollen Verfolgungsflug wirkt Ad massig geballt. Weißer Streif unter dem Schwanz auffällig.

♀

Deutlicher Augenstreif (Ad und Juv)

Ad oben grau bis braun. Auffällig weiße Unterschwanzdecken, besonders prominent bei der Balz.

Gleicht einem großen Sperber. ♀ bussardgroß, ♂ kleiner. Ad wirkt sehr kräftig und geballt. Kraftvoller Flug. *Kopf erscheint fast dreieckig. Massiger Körperbau und auffällig weiße Schwanzunterseite, die auch aus der Entfernung meist erkennbar ist.* Kann aus dem Gleitflug in einen rasanten Sturzflug übergehen (Balzflugspiele). Oberseite im frischen Federkleid grau, wird allmählich brauner. Versteckter Vogel, der leicht übersehen wird. Erbeutet Nahrung (Taubengröße) ähnlich wie der Sperber im Überraschungsflug. Brütet in abwechslungsreicher Landschaft mit Hochwäldern. Jagt bis zur Baumgrenze. Brütet in Deutschland und der Schweiz (bedrohter Brutvogel). Meist Standvogel.

Wanderfalke

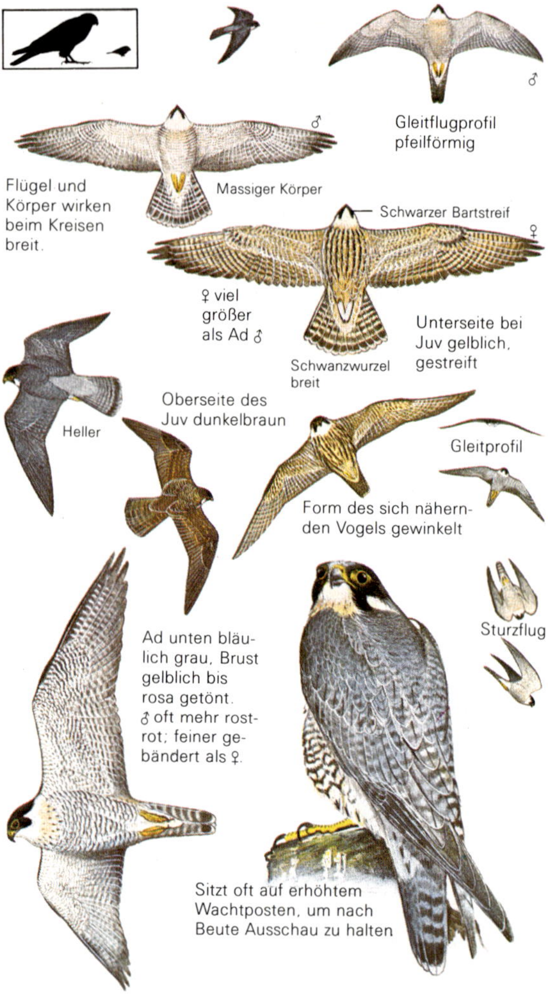

Gleitflugprofil pfeilförmig

Flügel und Körper wirken beim Kreisen breit.

Massiger Körper

♂

Schwarzer Bartstreif

♀

♀ viel größer als Ad ♂

Schwanzwurzel breit

Unterseite bei Juv gelblich, gestreift

Oberseite des Juv dunkelbraun

Heller

Gleitprofil

Form des sich nähernden Vogels gewinkelt

Sturzflug

Ad unten bläulich grau. Brust gelblich bis rosa getönt. ♂ oft mehr rostrot; feiner gebändert als ♀.

Sitzt oft auf erhöhtem Wachtposten, um nach Beute Ausschau zu halten

Größter einheimischer Falke. Ausgezeichneter, kraftvoller und sehr schneller Flieger. Sehr kräftig gebaut, ♀ größer als ♂. Gewinkelte Form mit breiter Schwanzwurzel. Panikartiges Verhalten der anderen Vögel verrät oft seine Anwesenheit. Phase mit kräftig ausholenden Flügelschlägen wechselt mit Gleitflug. Segelt oft; rüttelt selten. Erbeutet Vögel im Flug, nach spektakulärem, senkrechtem Sturzflug oder nach Verfolgungsjagd. Brütet in unzugänglichen Felsklippen, auch an der Küste. Weltweit verbreitet, seine Zahl hat aber fast überall beängstigend abgenommen. Obwohl sich die Bestände seit kurzem etwas erholen, gehört er heute zu den sehr ernsthaft gefährdeten Vogelarten. Im Winter auch abseits der Brutorte.

Merlin

Klein; beweglicher Flug typisch

Schwanz deutlich gebändert

Bartstreif nur angedeutet

Oben tiefbraun

Helles Nackenband

♀

♀

Deutlicher Augenstreif, Unterseite gestreift (vgl. Turmfalke)

Vgl. Merlin ♀ mit Turmfalke

Juv

Schwanz schlanker

Turmfalke (♀/Imm)

♂

, kleiner als ♀, oben blaugrau, Schwanz mit schwarzer Endbinde

♂

♂

Flügel lang

Verfolgt Beute in Bodennähe, wobei er jede Ausweichbewegung mitmacht

Unterseite des ♂ kräftig rostbraun gestreift. Langbeinig, große Reichweite.

♂

Feldlerche in gleichem Maßstab wie Merlin

Jagt an der Küste oder auf Mooren im pfeilschnellen Flug. Sitzt gerne auf kleinen Bodenerhebungen.

Kleinster Falke Europas. Folgt der Beute in rasantem Flug, wobei er jede Ausweichbewegung mitmacht. Kann mit dem Turmfalken verwechselt werden, der aber längere Flügel hat; *das ♂ Merlin ist* zudem *blaugrau.* ♀ und Imm scheinen mehr oder weniger dunkelbraun. *Charakteristisches Flugprofil mit den innen breiten, aber spitz auslaufenden Flügeln und dem breiteren und kürzeren Schwanz, rundköpfig.* Sitzt gerne auf Bodenerhebungen. Jagt vor allem Kleinvögel wie Lerchen, Pieper und Watvögel. Besiedelt baumlose Moore, nistet am Boden oder auf Bäumen. Brütet in Nordosteuropa, Skandinavien, Island und Großbritannien. In Mitteleuropa regelmäßiger, aber kaum häufiger Durchzügler und Wintergast.

Rohrweihe

Imm 1. Sommer   Kopf hell   Schultern hell

Juv

Flügel breit
(vgl. andere Weihen)

♂ Ad

Juv

Heller Kopf
auch auf
Entfernung
auffällig

♀ Ad

♂

♂ Ad

♀ Ad

Typische Farb-
musterung des ♂ Ad,
kann aber viel
verwaschener sein

Unterflügel des ♂ Ad
weißlich oder gemustert

♂

♀ Ad schokoladebraun
mit rahmfarbenem Kopf

Typische Flugbilder beim
Jagen. Flug niedrig,
langsam und gaukelnd.
Gleitet regelmäßig.

Größte Weihenart mit kräftigstem Körperbau, dessen Größe und Form sich von den anderen Weihen unterscheidet. Gefiederfärbung recht variabel, Musterung aber typisch. Flügel und Schwanz (der seine Färbung im Verlauf der ersten 3–4 Jahre erreicht) des ♂ Ad hellgrau; ♀ und Imm mit braunem Augenstreif und rahmfarbenem Kopf. Frißt Kleinvögel, Kleinsäuger und kleine Amphibien. Flug typisch weihenartig, V-förmig beim Gleiten, manchmal mit baumelnden Beinen. Ruf schrill, bussardähnlich. Brütet in *ausgedehnten Schilfflächen* Mitteleuropas. In Deutschland lokal verbreitet, gehört aber zu den bedrohten Vogelarten. In der Schweiz sehr seltener und bedrohter Brutvogel, Durchzügler.

Kornweihe

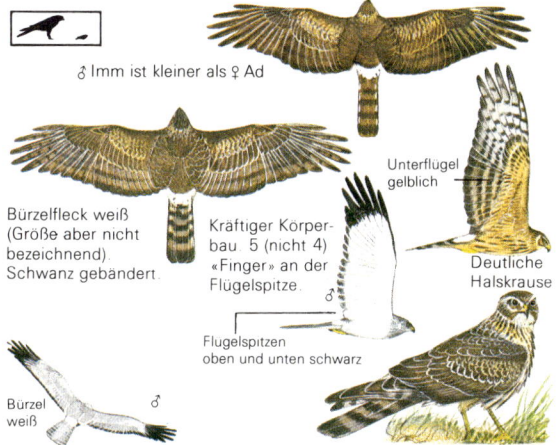

♂ Imm ist kleiner als ♀ Ad

Bürzelfleck weiß
(Größe aber nicht
bezeichnend).
Schwanz gebändert.

Kräftiger Körper-
bau. 5 (nicht 4)
«Finger» an der
Flügelspitze.

Unterflügel
gelblich

Deutliche
Halskrause

Flügelspitzen
oben und unten schwarz

Bürzel
weiß ♂

Bürzelfleck und Flügelspitzen unterscheiden ♂ von anderen Weihen. ♀ und Imm kaum von Wiesenweihe zu unterscheiden, sind aber kräftiger gebaut und auf der Unterseite etwas kontrastreicher. Flug typisch weihenartig. Besiedelt offenes Moor- und Steppengelände. Brütet nicht in der Schweiz, seltener Durchzügler. In Deutschland seltener und bedrohter Brutvogel.

Wiesenweihe

Gefiederfärbung
etwas dunkler
als Kornweihe

Vgl. Flügelspitze
mit Kornweihe
(oben)

Zwei
Flügel-
binden
♂

Flügel
vorn
rostbraun

♂ erkennbar am
grauen Bürzel,
Schwanzmuster und
Flügelbinde

3 Binden
(4 bei
Kornweihe)

Kopfmuster anders
als Kornweihe
(dunkler Streif)

Juv. Unterseite
rostrot

Körperbau eleganter, Flügel schmaler als Kornweihe. In großer Höhe gleicht sie eher einem großen Turmfalken als einer Weihe. Juv unten rostrot, nicht wie Kornweihe (vgl. Steppenweihe). Verhalten wie Kornweihe, von der sie oft kaum zu unterscheiden ist. Besiedelt Feuchtgebiete, seltener Kulturland. Seltener, lokaler Brutvogel, bedrohte Art.

Mäusebussard

Kopf rund

Helles Feld

Flügel beim Segeln ganz gestreckt, Schwanz geschlossen. Unterflügel braun und weiß, sehr variabel (hell bis dunkel).

Breiter, rechteckiger Schwanz

Im Gleitflug Flügel leicht gewinkelt, wirken spitzer

Typisches Flugbild: breite Flügel, schmetterlingsartig. Unterseite: Grundmuster immer ähnlich; Ausmaß von Braun und Weiß variabel.

Typisches Profil des kreisenden Mäusebussard, V-förmig. Vgl. Steinadler und Wespenbussard.

Gleitflug

Im Wegfliegen

Typisches Bild des kreisenden Vogels. Flügel leicht nach vorn gezogen; Schwanz stark gefächert, rund.

Spitzen dunkel

Kreisende Vögel

Weniger ausgeprägte Haltung im Kreisen

Schwanz regelmäßig gebändert

Imm

Füße ohne Federn (beim Adler befiedert)

Meist im kreisenden Flug bis in beträchtliche Höhen zu beobachten. Scheint ziemlich dunkel gefärbt und breitflüglig. Gefieder der Unterseite und Unterflügel sehr variabel, von fast weiß bis dunkel-schokoladebraun. Mehrere können zusammen über Kulturland oder Wäldern kreisen, besonders bei warmer Witterung. Frißt vor allem Mäuse und andere Kleinsäuger, daneben auch Würmer und Käfer. Flug gerade, mit kraftvollen, regelmäßigen Schlägen, oft unterbrochen von Gleitflug. *Ruffreudig, miauend «piuu».* Besiedelt gerne offenes Kulturland und Mischwälder, auch in höheren Lagen, und Moore. Verbreitet und häufig. Auch im Winter zu beobachten, z. B. entlang von Autobahnen.

Wespenbussard

Profil beim Kreisen,
Gleiten und Segeln

Schwanz
schmal, lang

Helle Form beim
Gleiten mit ge-
schlossenem Schwanz.
Färbung sehr
variabel. Bänderung
(vor allem Schwanz)
immer gleich.

Beim Kreisen dem Mäusebussard sehr
ähnlich, Flügel aber schlanker,
Schwanz länger, Kopf länglicher

Ad mit
gelbem Auge

Kopf lang

Vgl. Bänderung
an Schwanz und
Flügel mit
Mäusebussard

Juv
mit dunklem Auge

Kreisend

Kleiner, tauben-
ähnlicher Kopf im
Flug oft deutlich
erkennbar. Für Greif-
vogel dieser Größe
überraschend elegant.

Neben weniger deutli-
chen jedoch 2–3 markante Schwanzbinden. Vgl.
mit regelmäßig gebän-
dertem Schwanz des Mäuse-
bussard (mehr Binden).

Oft schwierig von Mäusebussard zu unterscheiden, der ihm in Form und
Größe sehr ähnlich ist. Unterseite sehr variabel, sehr hell bis dunkel-
schokoladebraun, mit allen Übergängen. *Am besten an der langgezoge-
nen Kopfform und am Schwanz zu erkennen.* Flügel und vor allem
Schwanz deutlich gebändert. Frißt Bienen, Wespen und deren Larven,
daneben auch kleine Säuger und Reptilien. Hebt beim Kreisen die
Flügel kaum über die Horizontalachse, im Gegensatz zum V-förmigen
Profil des Mäusebussards. Gleitet auf dem Zug weniger als Mäusebussard. Besiedelt Laub- und Mischwälder der Niederungen. Viel seltener
als Mäusebussard und lokal gefährdeter Brutvogel. Zugvogel
(Apr.–Okt.).

Rauhfußbussard

Flügel länger und relativ schmaler als Mäusebussard, außen dunkler Fleck. Oberseite variabel, aber Schwanzwurzel deutlich weiß

Gleitflug

Dunkler Fleck am Flügelbug. Dunkler Unterkörper, der sich hier von den Flügeln abhebt, doch ist die Färbung sehr variabel (fast weiß bis sehr dunkel).

Schwanzmuster

Dunkle Schwanzbinde

Brust des Juv in der Regel heller. Schwanzbinde verwaschen. Schwanz- und Flügelmuster anders als Ad. Fleck am Bug und Bauch dunkel.

Auch Vögel mit dunklem Unterkörper haben eine weiße Schwanzwurzel (vgl. hellen Vogel).

Rüttelt auf der Jagd häufig und lange, mit fast bewegungslosen Flügeln. Die andern Bussardarten rütteln nie, der Mäusebussard höchstens für kurze Zeit.

Kopf rund, wirkt meist heller als bei Mäusebussard, Schnabel feiner. Füße fast bis zu den Zehen befiedert, im Unterschied zu den nackten, gelben Füßen der übrigen Bussardarten.

Größer als Mäusebussard, mit schlanken Flügeln. Da die beiden Arten sehr variabel gefärbt sind, werden sie oft verwechselt. *Schwarze Bänderung und weiße Schwanzwurzel sowie dunkler Fleck am Flügelbug und der dunkle Unterkörper (Bauch) sind bezeichnend.* Kopf und Schnabel schlanker als beim Mäusebussard. Juv in der Regel heller als Ad. Brütet in der offenen Moor- und Tundralandschaft und im Ödland an der Küste Nordeuropas. Im Winter auch im offenen Kulturland. Frißt Kleinsäuger, Mäuse und Kaninchen. Flug leichter als Mäusebussard, von dem er sich auch am *Gleitflugprofil* unterscheidet. In Mitteleuropa Durchzügler und Wintergast. Sehr viel seltener zu beobachten als Mäusebussard.

Schwarzmilan

Gleitflug

Weißliches Feld auf deunklem Unterflügel bei Juv deutlicher, aber nie weiß wie Rotmilan

Weißlicher Fleck

Juv

Heller (vgl. Ad)

Juv

Schwanz gerade

Wenig gegabelt

Beim Kreisen Flügel ziemlich gestreckt. Schwanzgabelung verschwindet. (Vgl. andere Flugbilder).

Jagt gerne über Gewässern, oft weit über dem Wasser (sucht tote Fische)

Greifvogel des offenen Geländes, auch in Stadtnähe, frißt vor allem Aas. *Wirkt sehr dunkel mit elegant langen und schmalen Flügeln, oft gewinkelt. Schwanz wenig gegabelt oder gerade,* der als bewegliches Steuer dient. Gewandter Flug, oft gleitend. In offenem Gelände, gerne in Wassernähe. Brutvogel, in Deutschland gefährdet. Zugvogel (März–Okt.).

Rotmilan

Flügel stark gewinkelt

Flügelspitzen schwarz

Flügel auf Entfernung lang und elegant

Kopf hell

Weißer Fleck

Schwanz deutlich orange. Weißes Feld im Flügel.

Oranger Schwanz tief gegabelt, von oben und unten gut erkennbar. Weißes Flügelfeld deutlich.

Größer und eleganter als Schwarzmilan mit viel tiefer gegabeltem Schwanz und großen, weißen Feldern auf den Unterflügeln. Auch an der Gefiederfärbung vom schwarzbraunen Schwarzmilan zu unterscheiden. Flug leicht. Schwanz dient beim Segeln und Kreisen als Steuer. Besiedelt offene, bewaldete Niederungen. Lokal verbreitet. Gefährdete Vogelart. Überwintert stellenweise.

Steinadler

Vgl. Größe, Form und Flügelmuster mit Bussard

Mäusebussard

Gleicher Maßstab

Juv

Breite Binde

Hell

Weiß in Flügel und Schwanz des Imm verliert sich im Alter

Juv

Bussard

Vgl. Adler und Bussard

Kopf hell

Steinadler beim Wegflug

Bussard

Weiße «Socken»

Helle Flecken bei Sub-Ad

Gleitet nach wenigen kraftvollen Schlägen. Sticht bei Angriff senkrecht in die Tiefe.

Sturzflug

Flügelschlag manchmal weit ausholend. Gleitet lange ohne Höhenverlust.

Juv gleitend

Ad im Wind gleitend

♀ viel größer als ♂

Beine im Unterschied zu Mäusebussard und Seeadler befiedert (Hosen)

Schwanz lang

♀

Juv im Flug

Größter und kräftigster der eigentlichen Adler. Ausgezeichneter Flieger. Meist in der Luft zu beobachten, wenn er hoch im Himmel gleitet oder einer Krete folgt. Beansprucht sehr großes Territorium, doch können im Herbst und Winter mehrere zusammen beobachtet werden. Nahrung vielfältig: Vögel (selten in der Luft geschlagen), Hasen, Murmeltiere und Lawinenopfer. Flug leicht, kraftvoll und majestätisch. Gleitet und segelt über lange Zeit. Bei Erkundungsflügen oft niedrig, gegen dunklen Hintergrund kaum zu sehen; erst am Horizont erkennbar. Erbeutet Nahrung im Sturzflug mit angelegten Flügeln. Brütet im Gebirge (z.B. Alpen) Bayerns und der Schweiz. Standvogel. Gefährdet (von Menschen verfolgt).

Seeadler

Imm 2–3jährig

Kopf hell, vorgestreckt

Schwanz bei Ad rein weiß; in der Regel keilförmig; variabel, bei einzelnen sogar fast rechteckig

Füße groß, gelb

Flügel gefingert

Gleitflugprofil

Keilschwanz

Unterseite des Juv sehr dunkel. Schwanz zuweilen hell gefleckt. Flügel fast rechteckig.

Rechteckige Flügelform gibt dem Seeadler ein geierartiges Aussehen.

Mächtiger Schnabel (vgl. Steinadler)

Kraftvolle, regelmäßige Schläge der mächtigen Flügel. Kopf klein, Schwanz kurz.

Mächtige Flügel und leicht hängender Kopf für Seeadler bezeichnend

Juv viel dunkler als Ad, erscheint fleckiger. Beachte gedrungene Gestalt am Boden und die unbefiederten Füße.

Schwanz kürzer als Steinadler

Juv

Füße unbefiedert (vgl. Steinadler)

Typischer Seeadlerschnabel

Größe wie Steinadler. *Auch auf weite Entfernung am Flugprofil zu erkennen, das von den mächtigen, rechteckigen Flügeln bestimmt wird.* Ad gewöhnlich am weißen Schwanz und der hellen Erscheinung eindeutig zu bestimmen. Am Boden an den unbefiederten Füßen zu erkennen. Verhalten im allgemeinen träge. Erbeutet Wasservögel auf dem Wasser, seltener im Flug, und Fische. Frißt auch Aas. Wird oft von anderen Vögeln verfolgt. Brütet an der Küste und an bewaldeten Seen in Skandinavien, Nord- und Osteuropa. Nistet in Felsen oder am Boden. In Deutschland sehr seltener Brutvogel (brütet auf Bäumen), stark bedrohte Art; in der Schweiz im Winter selten und meist nur kurze Zeit zu beobachten.

Seltene Greifvögel

Sandfarben

Juv — Hell — — Hell — Weiß
(nur Spanien)

Schwanz rechteckig

Gleitflug

Rahmfarben

Schwarze Binde

Kaiseradler. Gleiche Größe wie Steinadler. Ausgefärbter Ad sehr dunkel
mit weißen Schulterflecken. Scheitel
und Unterschwanzdecken rahmfarben.
Juv leicht, doch spätere Jugendkleider
schwierig zu erkennen. Gleitflug mit
gestreckten Flügeln. Südeuropäische Art.

Hell

Flügel vorne dunkel
(bei anderen Adlern
umgekehrt)   Gestreift

Streifen angedeu-
tet oder fehlend
(vgl. Raubadler)

Hell   Juv

Rahmfarben   Flügel
hinten hell

◄ Der **Schelladler** ist ein massiger,
mittelgroßer Adler. Profil des Ad
breit und rechteckig, kurzer
Schwanz. Juv dunkelblau-schwarz,
reichlich gefleckt; hell am Bürzel.
Osteuropa. In Deutschland und der
Schweiz sehr selten zu beobachten.

Gelblichbraun gestreift,
Hinterflügel dunkel

Schreiadler

Schelladler

Juv

▲
Schreiadler: mittelgroß;
mit längeren, schmaleren
Flügeln und keilförmigerem Schwanz
als Schelladler, von dem er aber
kaum zu unterscheiden ist. Gleitflugprofil
bezeichnend. Ad braun (nicht so dunkel
wie Schelladler). Juv: gelblichbraun,
helle Flügelbinde, teilweise reichlich
gefleckt. Das Fehlen von deutlichen
Streifen unterscheidet Schell- und
Schreiadler von Raubadler. Osteuropa.

Weiße
Flecken

Bürzel
weiß

Flecken

Flügelhaltung
im Gleitflug
horizontal   Helles Feld

Helleres
Feld   Helle Form

Dunkle Form

Schwanz eckig

◄ Der **Zwergadler** ist bussardgroß,
obwohl ihn die Proportionen größer
erscheinen lassen. Flügel schmaler
und Schwanz eckiger als Bussard.
Helle Form häufiger. Weiße Schulterflecken bei beiden Formen typisch.
Unterflügel innen weiß, außen
dunkel. Iberische Halbinsel, SO-Europa.

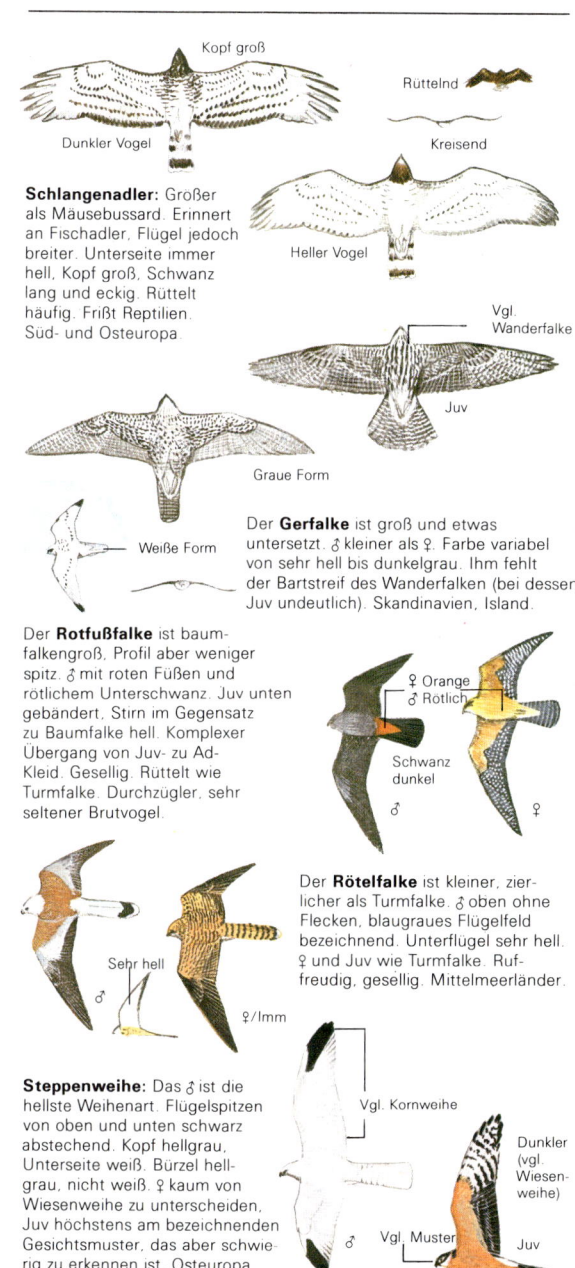

Kopf groß

Rüttelnd

Kreisend

Dunkler Vogel

Heller Vogel

Schlangenadler: Größer als Mäusebussard. Erinnert an Fischadler, Flügel jedoch breiter. Unterseite immer hell, Kopf groß, Schwanz lang und eckig. Rüttelt häufig. Frißt Reptilien. Süd- und Osteuropa.

Vgl. Wanderfalke

Juv

Graue Form

Weiße Form

Der **Gerfalke** ist groß und etwas untersetzt. ♂ kleiner als ♀. Farbe variabel von sehr hell bis dunkelgrau. Ihm fehlt der Bartstreif des Wanderfalken (bei dessen Juv undeutlich). Skandinavien, Island.

Der **Rotfußfalke** ist baumfalkengroß, Profil aber weniger spitz. ♂ mit roten Füßen und rötlichem Unterschwanz. Juv unten gebändert, Stirn im Gegensatz zu Baumfalke hell. Komplexer Übergang von Juv- zu Ad-Kleid. Gesellig. Rüttelt wie Turmfalke. Durchzügler, sehr seltener Brutvogel.

♀ Orange
♂ Rötlich

Schwanz dunkel

♂

♀

Der **Rötelfalke** ist kleiner, zierlicher als Turmfalke. ♂ oben ohne Flecken, blaugraues Flügelfeld bezeichnend. Unterflügel sehr hell. ♀ und Juv wie Turmfalke. Ruffreudig, gesellig. Mittelmeerländer.

Sehr hell

♂

♀/Imm

Steppenweihe: Das ♂ ist die hellste Weihenart. Flügelspitzen von oben und unten schwarz abstechend. Kopf hellgrau, Unterseite weiß. Bürzel hellgrau, nicht weiß. ♀ kaum von Wiesenweihe zu unterscheiden, Juv höchstens am bezeichnenden Gesichtsmuster, das aber schwierig zu erkennen ist. Osteuropa.

Vgl. Kornweihe

Dunkler (vgl. Wiesenweihe)

♂

Vgl. Muster

Juv

Eulen und Käuze

Die meisten Eulen sind nachts, v.a. in der Dämmerung aktiv. Einige können auch tagsüber beobachtet werden (Steinkauz). Sie fressen in der Regel Kleinsäuger. Die Jungen verlassen das Nest, bevor sie richtig fliegen können, werden aber von den Eltern auch außerhalb des Nestes gefüttert und dürfen auf keinen Fall weggenommen werden. Die meisten Eulen sind bedroht und deshalb schutzbedürftig. (Alle Abbildungen gleicher Maßstab).

Zwergohreule: Graubraun. Klein und schlank. Federohren nicht immer zu sehen. Kopfform von Steinkauz verschieden. Bewohnt offenes Gelände mit Bäumen, auch in Stadtnähe. Ruft ausdauernd «ki-ki...». Jagt Insekten, auch an Lampen und wird so zum Verkehrsopfer. In der Schweiz sehr seltener Brutvogel, Zugvogel (Apr.–Sept.). In Deutschland nur ausnahmsweise.

Tarnfarben
Federohren
Rötlichbraun

Weiße Augenbraue
Feine Punkte
Weiße Flecken
Schwanz gebändert

Steinkauz: Klein, «eckig», mit flachem Kopf. Augen gelb, rund. Unterseite gestreift, oben gefleckt. Oft auch tagsüber zu sehen, meist auf Pfählen sitzend. Stark wellenförmiger, spechtähnlicher Flug. Ruf markant, klagend «kwiu». Besiedelt offenes Kulturland, Obstgärten. Standvogel. Bedroht.

Waldkauz: Bekannteste Eule. Lebt immer in der Nähe von Bäumen. Typisches Gesicht: großer Kopf und große, dunkle Augen. Oberseite mit verschiedenen Braun- oder Grautönen. Die meisten unserer Waldkäuze sind grau, doch kommt die braune Form ebenfalls vor. Nacht- und dämmerungsaktiv. Balzruf «hu-hu-u-u», ruft auch «ki-wik». Verbreiteter Standvogel.

Charakteristisches Profil
Graue Form
Meist mit weißen Zeichen
Flügel breit, rund

Schleiereule: Einzige Eule mit weißer Unterseite und Unterflügeln. Geisterhafte Erscheinung. Kontinentale Rasse an Gesicht und Unterseite gelblicher als britische. Jagt gelegentlich bei Tag, z.B. wenn sie Junge füttert. Brütet in Scheunen und Gebäuden. Flug gaukelnd, meist über offenem Gelände. Flügel relativ lang und schmal. Schnarchend-kreischender Ruf. Standvogel. Bedrohte Art.

Beine lang

Oberseite variabel, manchmal blaß

Kein Weiß

Schwanz länger als Sumpf- ohreule

Waldohreule: Lange Federohren, Augen orangerot. Nachtaktiv, höchstens im Winter und wenn sie Junge füttert auch tags- über. Im Gegensatz zu Sumpfohreule hintere Flügelhälfte nur fein gebändert. Weit ausholender Flü- gelschlag. Ruf tief, leise «u-u». Brütet in Nadelbäumen (alte Horste). Standvogel.

Vgl. Bänderung mit Sumpfohreule

Gefleckt

Weiß

Sumpfohreule: Gelblichbraun, grob gefleckt. Eher tagsüber aktiv als die anderen Eulen (außer Sperlingskauz). Jagt niedrig über Mooren und Sümpfen. Flug gaukelnd, gleitet oft. Flügel lang und schmal. In Deutsch- land Brutvogel (bedroht), Durchzügler, Wintergast. Brütet nicht in der Schweiz.

Fleck

113

Eulen und Käuze

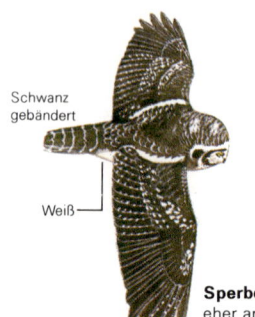

Schwanz gebändert

Weiß

Sperbereule: Körper- und Flügelform erinnern eher an einen Sperber als an eine Eule; hat aber großen, flachen Kopf und gelbe Augen. Einzige europäische Eule mit gebänderter Vorderseite (Ausmaß aber variabel). Sitzt gerne an exponierten Stellen; zuckt häufig mit dem langen Schwanz. Flug sperberartig. Ruf kichernd. Tagaktiv; bewohnt die Nadelwälder Skandinaviens. Irrgast.

Weiße Augenbraue

Gesicht dunkel

Gestreift

Juv

Sperlingskauz: Winzig, etwas größer als Kohlmeise (die zu ihren Beutetieren gehört). Oberseite braun mit feinen, hellen Flecken. Augen gelb mit weißer Braue. Tagsüber zu sehen. Sitzt gerne an Orten mit Übersicht. Wippt oft mit dem Schwanz, auch aufwärts. Ruf stimmhaft pfeifend «phiu». Besiedelt Nadelwälder der Alpen und Voralpen. Standvogel.

Schokoladebraun

Vgl. Kopf des Steinkauz

Juv

Vgl Bänderung vom Steinkauz

Rauhfußkauz: Etwas größer als Steinkauz, dem er auf den ersten Blick ähnlich sieht. Kopf jedoch runder, mit hellem Gesicht wie Waldkauz. Außer in der Arktis nur nachts aktiv. Flug gerade, nicht wellenför-mig wie Steinkauz. Ruf schnell wieder-holt «hu-hu-hu». Bewohnt Nadelwälder N- und O-Europas, der Alpen und Voralpen. Stand-vogel. In Deutschland nur lokal verbreitet.

Flügelspitzen
gefingert (Vgl.
Schleiereule)

Schnee-Eule: Mächtig groß (♀ größer als ♂). ♂ rein
weiß oder wenig dunkel gebändert, ♀ stark
gebändert. Unterflügel bei ♂ und ♀ rein weiß.
Die gelben Augen sind auffällig. Füße dicht
befiedert. Sitzt gerne auf leicht erhöhten Posten oder
Fels. Flug niedrig, gleitet regelmäßig. Ruft nur zur
Balzzeit. Lebt in der arktischen Tundra. Invasionsartige
Wanderungen in Abständen von mehreren Jahren.

Länglicher und größer
als Waldkauz

Augen
dunkel

Kräftig
gestreift

Linie

Stark
gebändert

Schwanz
lang,
gebändert

Habichtskauz: Große, graubraune Eule
mit Gesichtsschleier und runden, dunklen Augen. Kleiner als Bartkauz (Vgl.
Flugbilder von Schnee-Eule, Uhu,
Habichts- und Bartkauz, alle in demselben
Maßstab). Streifung am ganzen Körper kontrastreicher als bei anderen Eulen. Flügel kräftig gebändert, weißliches Feld. Ruft
hoch, scharf «auk-auk-auk» und einsilbig
«kirak». Bewohnt Wälder N- und O-Europas.

Eulen und Käuze

Dunkle
Flecken

Bänderung

Dunkel

Flügel
sehr lang

Heller

Uhu: Große und eindrucksvollste Eule mit
einer enormen Flügelspannweite. Kopf groß,
rund mit deutlichen Federohren und
großen orangen Augen. Brust meist deutlich
gestreift. Oberflügel vorne dunkel, hinten und
an der Spitze heller. Macht im Flug
einen dunklen und mächtigen Eindruck. Ruf tief,
kehlig «wu-hu». Besiedelt felsige, bewaldete
Täler mit offenen Ebenen, Laub- und Nadelwälder.
In Deutschland und der Schweiz selten. Standvogel.

Gesichtsschleier fein
rund gestreift

Winzige
Augen

Gelbliches
Feld

Bartkauz: Sehr groß, nur wenig
kleiner als Uhu. Gesichtsschleier mit
runden Streifen; Augen rund, klein
und gelb, was ihm einen eigenartigen
Gesichtsausdruck verleiht (Gesicht
scheint rund). Gefieder hauptsächlich grauschwarz, mit gut sichtbaren weißen
Flecken auf Flügeln und Rücken.
Flügelspitze heller. Vgl. deutliche Flügelzeichnung mit Habichtskauz. Ruf ähnlich
Waldkauz, aber tiefer «ki-wick» und
«hu-hu-hu». Bewohnt Nadelwälder
N-Skandinaviens und NO-Europas.

Deutlich
gebändert
(vgl.
Habichtskauz)

Trappen und Watvögel

♂

Hals schwarz

♀

Schwarz

Weiß

Zwergtrappe: Knapp so groß wie Brachvogel. Bodenvogel. Lebt auf Heiden, weiten Feldern und Brachland in Südeuropa. Kräftiger Körper. Sandfarbenes, schwarz und weißes Gefieder in Europa einzigartig. Rascher Flug mit kraftvollen Schlägen typisch (♂ erzeugt Pfeiflaute beim Fliegen). Sehr scheu.

Großtrappe: Imposante Größe (♂ viel größer als ♀). Bodenvogel mit stattlicher Haltung. Trotz der Größe verschwindet er in der Steppe. Im langsamen, schwerfälligen Flug auffällig weiß, Flügel reiherartig gebogen. Brütet heute weder in Deutschland noch der Schweiz.

Schwarzer Rand

Hellgrau

Vgl. Bekassine

Unten sehr hell (♂ ♀)

Vgl. Bekassine

Vgl. Bekassine

Weiß (vgl. Dunkler Wasserläufer)

Großer Schlammläufer: Gleicht der Bekassine in Größe, Schnabelform und Erscheinungsbild (der nicht abgebildete Kleine Schlammläufer ist dem Grossen sehr ähnlich). Bürzel weiß, hinterer Rand des Flügels innen hell. N-Amerika, O-Sibirien.

Terekwasserläufer: Mittelgroßer, lebhafter Watvogel. Oberseite grau mit dunklen Streifen. Schnabel schwach aufwärts gebogen. Binde am Flügelhinterrand bezeichnend. Wippt wie Flußuferläufer. Ruft «tschita-wit-wit». NO-Europa Irrgast.

Augenstreif

«V»

Schwache Binde

Helle Beine

Graubruststrandläufer: Ähnlich Alpenstrandläufer, aber etwas größer; kleiner als ♀ Kampfläufer. Rücken deutlich gemustert (v.a. Juv mit mehreren deutlichen «V»s). Brust gestreift, abgesetzt von weißem Bauch. Schwache Flügelbinde (oft fehlend). Flug schnell, unberechenbar. N-Amerika, Sibirien. Irrgast.

Vgl. Graubruststrandläufer (gleiche Skala)

Weiß

Schwarz

Aufwärts gebogen

Orangegelb

Alpenstrandläufer

Der Alpenstrandläufer
ist in Form und Färbung
der typische Watvogel.

Sommer

Wie andere Arten
mit weißer Flügel-
binde und Schwanz-
seiten. Dunkler
Streif in Schwanz-
mitte und Bürzel.
Im Winter an Schna-
belform und Ruf
zu erkennen. Juv
wechselt stark ge-
mustertes Gefieder
im Herbst ins
Winterkleid.

Winter

Juv im Herbst

Oberseite bei Juv
gelblichbraun, deutlich
gemustert (Spätsommer).
Zeichnung der hellen
Unterseite bezeichnend.

Ad im Sommer mit
schwarzem Bauchschild,
Winter hell. Im Herbst
Übergangskleider mit
Spuren von Schwarz.

Schnabel von 2 Rassen, die
zusammen vorkommen

Südliche Rasse

Nördliche Rasse

Ad mausert im Herbst ins oben
graue, an der Brust schwach
gestreifte und am Bauch
weiße Winterkleid.

Zwergstrandläufer

Ad im Sommer oben rötlichbraun gemustert. Brust
gestreift, Bauch schwarz. Nördliche Rasse mit längerem
Schnabel. Oben werden
die beiden Extreme gezeigt.

Im Winter an der Küste (Strand, Flußmündungen) überall häufig außer
an Felsküsten. Auch im Binnenland an Gewässern zu finden. Untersetzte Gestalt. Ohne Übung mit anderen Watvögeln zu verwechseln.
Leicht abwärts gebogener Schnabel und Ruf (hoch, scharf «schiip») bezeichnend. Wie andere Watvögel von ca. Apr.–Aug. im Sommer-, von
ca. Aug.–März im Winterkleid. Ab Spätsommer kommen Vögel im
Sommer-, Winter- und Übergangskleid nebeneinander vor. Futtersuche watend. Flug schnell, oft unregelmäßig im Zickzack, mit kräftigen
Schlägen. Große Schwärme im Flug schwarzweiß aufleuchtend. Brütet im Norden, z.B. an der Nord- und Ostseeküste, in der Schweiz hauptsächlich Durchzügler.

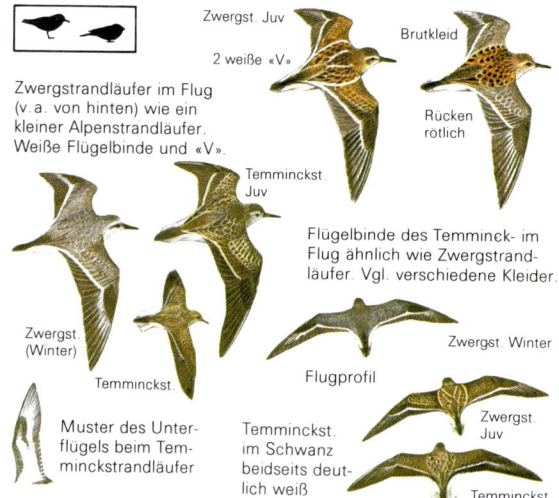

Zwergst. Juv

2 weiße «V»

Brutkleid

Zwergstrandläufer im Flug
(v. a. von hinten) wie ein
kleiner Alpenstrandläufer.
Weiße Flügelbinde und «V».

Rücken
rötlich

Temminckst.
Juv

Flügelbinde des Temminck- im
Flug ähnlich wie Zwergstrandläufer. Vgl. verschiedene Kleider.

Zwergst.
(Winter)

Temminckst.

Zwergst. Winter

Flugprofil

Muster des Unter-
flügels beim Tem-
minckstrandläufer

Temminckst.
im Schwanz
beidseits deut-
lich weiß

Zwergst.
Juv

Temminckst.

Zwergstrandläufer: Im Winter unten rein weiß, oben graubraun
mit hellen Federsäumen. Kopf
schwach gemustert. Schnabel kurz.

Zwergst.: Juv erscheint in
Europa im Winterkleid. Rücken
deutlich gemustert, 2 helle V;
schwacher Augenstreif; unten weiß.

Profil
länglicher

Schnabel
kürzer

Temminckst.: Juv oben bräunlich mit hellen, halbmondförmigen Federsäumen. Brust dunkler, Schnabel kurz. Beine hell.

Temminckst.: Zur Brutzeit oben
gräulich mit dunklen Flecken;
später verwaschener (wie
oben). Vgl. Zwergstrandläufer.

Zwergstrandläufer: Kleinster Strandläufer. *Größe, Schnabel, Beinfarbe
und elegantere Form unterscheiden ihn vom Alpenstrandläufer.* Flug wie
Alpenstrandläufer. Ruft «dit-dit». Durchzügler. Temminckstrandläu-
fer: Etwa gleich groß wie Zwergstrandläufer mit ungefähr gleich langen
Flügeln. Wirkt im Feld sehr klein. *Beine im Unterschied zum Zwergstrandläufer hell.* Flügelbinde ähnlich wie Zwergstrandläufer. Kleiner als die anderen Watvogelarten, im Schwanz deutlich weiß an den
Seiten. Aufgescheucht *steigt er im Zickzackflug bekassinenähnlich steil
auf. Trillerruf.* Durchzügler, seltener als Zwergstrandläufer. Beide Arten brüten im hohen Norden und überwintern im südlichsten Europa
und in Afrika.

Sichelstrandläufer

Schlank gebaut mit langen Flügeln

Im Flug sind weißer Bürzel und Flügelbinde auffällig

Im Brutkleid der einzige Watvogel dieser Größe mit ganz rostbrauner Unterseite

Winter

Sommer

Weißer Augenstreif

Bürzel weiß

Schnabel lang gebogen

Brust rahmfarben

Juv: Oberseite grau mit halbmondförmigen, hellen Federsäumen. Ad: im Winterkleid Rücken graubraun, einfarbiger.

Juv

Der Sichelstrandläufer hat *längere Beine, einen stärker gebogenen und längeren Schnabel* als der Alpenstrandläufer, mit dem er oft gemeinsam auftritt. Unterseite heller. Futtersuche, Verhalten und Flug wie Alpenstrandläufer. *Flugruf «dschirrip».* Brütet im arktischen Ostasien. Durchzügler an den Küsten und in Feuchtgebieten Binneneuropas.

Sumpfläufer

Sommer

Zickzack Muster

Augenstreif und breiter Schnabel bezeichnend

Flügelbinde nur innen, schwach (vgl. Alpenstrandläufer)

Ad im frischen Kleid im Sommer dunkel, gemustert. Später abgetragener, verwaschen.

Oberseite und Brust im Winter gräulicher mit blassen Federsäumen

Schnabelspitze gewinkelt

Beine kurz

Winter

Kleiner als Alpenstrandläufer. Gewinkelte Schnabelspitze, kommt bei keinem anderen Watvogel vor. Der *doppelte, helle Überaugenstreif* vermittelt einen ungewöhnlichen Gesichtsausdruck. Zickzack Muster am Flügel. Kurze Beine bezeichnend. Flugruf «dschif-rik». Brütet u.a. in Finnland und Skandinavien. Durchzügler, in der Schweiz selten.

Meerstrandläufer

Russigbraune Oberseite, weiße Flügelbinde und Schwanzseiten im Flug auffällig

Flug meist niedrig und schnell über kurze Distanz

Brust dunkel, heller Bauch. Beachte die orangegelben Beine und Schnabelwurzel.

In den Küstenfelsen gut getarnt und fast unsichtbar

Der einzige kleine, rußbraune Watvogel. Kommt meist in felsigen Küsten zusammen mit Steinwälzern vor; zuweilen an Molen und Hafenanlagen der Meeresküste. Wenig scheu. Flügelunterseite weiß, manchmal beim Landen sichtbar. *Flug schnell, wie Alpenstrandläufer.* Ruft selten. Wintergast der Meeresküste. Brütet in Skandinavien.

Steinwälzer

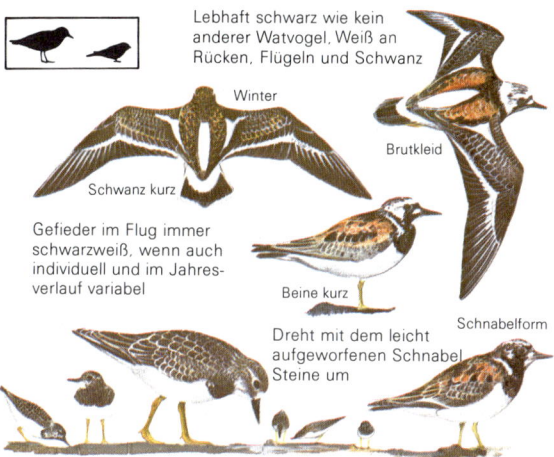

Lebhaft schwarz wie kein anderer Watvogel. Weiß an Rücken, Flügeln und Schwanz

Winter

Brutkleid

Schwanz kurz

Gefieder im Flug immer schwarzweiß, wenn auch individuell und im Jahresverlauf variabel

Beine kurz

Schnabelform

Dreht mit dem leicht aufgeworfenen Schnabel Steine um

Etwas untersetzt; wenig scheu. Meist an *kiesigen und steinigen Küsten* zu beobachten. *Ruft scharf «tück-e-tück», wenn aufgescheucht ruft er in rascher Folge.* Durchzügler und seltener Wintergast an den Meeresküsten, oft zusammen mit Meerstrandläufern. Kann vereinzelt übersommern. Seltener Durchzügler im Binnenland. Brütet an den Küsten Skandinaviens.

Flußregenpfeifer

Sandregen-
pfeifer

Juv

Juv: Gelber Augenring. Kopf
schmutzig braun, Stirn heller
(vgl. Sandregenpfeifer)

Weiß an Stirn und
über dem Auge

Im Flug nur sehr
schwache
Flügelbinde
(vgl. Sandre-
genpfeifer)

Beine fleischfarben
bis gelblich (vgl.
Sandregenpfeifer)

Juv

Gleicht in Verhalten und allgemeinen Aussehen dem Sandregenpfeifer,
ist aber kleiner und zierlicher gebaut. Flug unberechenbar, Flügelschläge ruckartig. *Ruf klagend «piü».* Brütet an kiesigen Flußläufen und
auf Sandinseln, an Süßwasser gebunden. Zugvogel (März–Sept.). In der
Schweiz lokaler Brutvogel; seltene und bedrohte Vogelart; in Deutschland verbreitet.

Sandregenpfeifer

Ohne Schwarz

Schwanzseiten
weiß

Oberseite recht
sandgrau. Deutliche
Flügelbinde im
Flug auffällig.

Winter

Ad. Sommer:
Kopfzeichnung
bezeichnend.
Schnabel orange,
Spitze schwarz.

Juv

Juv wirkt schuppig. Schnabel
schwarz und gelblich. Ohne
Schwarz an der Stirn.

Rundlicher Kopf, kurzer Schnabel. An der typischen Kopfzeichnung
von den anderen Regenpfeifern zu unterscheiden. Rennt bei der Futtersuche, hält an und pickt. Fliegt schnell mit raschen Flügelschlägen, oft
unvermittelt die Richtung ändernd. *Ruf trillernd, düdelnd «turwilk».*
Brütet in Norddeutschland. In der Schweiz nur als Durchzügler. Biotop
wie Flußregenpfeifer.

Sanderling

Im Flug ähnlich wie Alpenstrandläufer, Flügelbinde aber deutlicher

Oberseite im Winterkleid sehr helles Grau

Gefieder silbergrau und weiß, Beine und Schnabel schwarz

Deutlicher Kontrast von Ober- und Unterseite

Sommer

Immer am Spülsaum der Küste, rennt schnell den Wellen nach

Winter

Juv

Schwarz

Wenig größer als Alpenstrandläufer. Im Winter hellgrau. Erkennbar an weißer Flügelbinde (deutlicher als bei anderen kleinen Watvögeln), den kurzen, schwarzen Beinen und dem geraden, kurzen, schwarzen Schnabel. Rennt sehr schnell. Kurz gleitend vor dem Landen. *Ruft «wit-wit».* Durchzügler (im Binnenland selten) und an der Küste Wintergast.

Seeregenpfeifer

Wirkt hell, Weiß an Kopf und Kragen (vgl. Sandregenpfeifer)

♂

♀

Schnabel ganz schwarz (vgl. Sandregenpfeifer)

Beine lang (vgl. Sandregenpfeifer)

♀

♂

Gelblich brauner Scheitel und schwarzes Muster einzigartig

♀

Juv

Wird meist mit Sandregenpfeifer verwechselt, dem er in Verhalten und Flug gleicht. Eleganter gebaut; helleres Aussehen; Beine dunkel, Schnabel schwarz, länger; Flügelbinde deutlicher; vgl. auch Körper- und Kopfform. *Scharfer «wüit-wüit»-Ruf* bezeichnend. Durchzügler, meist an der Küste, im Binnenland ziemlich selten. Brütet in Norddeutschland.

Goldregenpfeifer

Winterkleid: Oberseite dunkel mit goldgelben Flecken. Flügel lang und schmal mit schwacher Flügelbinde. Rundköpfig.

Südl. Rasse   Winter

Sommer

Sommerkleid (März–Aug/Sept): Je weiter südlich, desto weniger schwarz auf der Vorderseite

Nördl. Rasse

Oberseite immer golden überflogen. Unterflügel, inkl. Achselhöhle weiß (vgl. Kiebitzregenpfeifer).

2 extreme Brutkleider. Vgl. Kiebitzregenpfeifer.

Nördl.   Südl. Rasse

Rennt bei der Futtersuche, hält an und pickt plötzlich

Juv im Winter

Im Winter und auf dem Zug gesellig. Fliegt in V-, pfeilförmigen oder Massenschwärmen.

Sommer

Winter

Schnabel feiner als Kiebitzregenpfeifer. Großes Auge. Unterseite weißlich. Juv oben blasser gelb als Ad.

Profil («eckiger», hochgehaltener Kopf, gewölbte Brust) und spitze Flügel typisch Macht sich oft durch Flügelstrecken bemerkbar.

Fliegt in dichten Schwärmen, die sich vor dem Landen auflockern. Im Winter auf Feldern, Wiesen und an der Küste teilweise häufig. Vom Kiebitzregenpfeifer *in allen Kleidern durch den ganz weißen Unterflügel, die golden gesprenkelte Oberseite und den dunklen Bürzel zu unterscheiden.* Futtersuche: Anhalten-picken (vgl. Kiebitz); rennt schnell. Flügel lang und spitz; Flug rasch mit kraftvollen Schlägen. *Gleitet kurz vor dem Landen, streckt nachher oft einen Moment lang die Flügel.* Prächtiges, von Rufen begleitetes Balzflugspiel. *Bezeichnender Ruf flötend oder klagend (Warnruf)* «klüip». Steht gerne auf erhöhten Stellen. Brütet in Mooren im Norden, selten in Deutschland. Durchzügler.

Kiebitzregenpfeifer

Oberseite graubraun, variabel. Im Flug weißer Bürzel und lange, spitze Flügel mit heller Binde auffällig.

Schwarze Achselhöhle einzigartig (vgl. Goldregenpf.)

Vgl. Sommerkleid mit Goldregenpf.

Sommer

Kopf und Auge groß; Schnabel kräftig. Beine schwarz und ziemlich lang; Gefieder grau gesprenkelt

Bucklige Haltung typisch. Juv gelblich überflogen.

Großer, vorsichtiger Regenpfeifer. Kopf rundlich, Schnabel kräftig. *Unterseite des Ad im Sommer kontrastreich schwarzweiß.* Flug schnell; langsamere Flügelschläge als Goldregenpfeifer. *Klagender Ruf bezeichnend, «kli-er-wi».* Tundra-Brutvogel. Als Durchzügler und Wintergast fast nur an Küsten, im Binnenland selten. Nichtbrüter übersommern teilweise.

Mornellregenpfeifer

Beachte Augen- und Bruststreif

Brutkleid

Weißes V

Juv

Juv im Winter stärker gefleckt als Ad, rahmfarbener. Augenstreif und Brustband in allen Kleidern.

Einzigartiges Nackenmuster des Mornellregenpfeifers

Brütet im Gebirge (Österreich) und der Tundra; überwintert in der Steppe außerhalb Europas. Nicht an Feuchtgebiete gebunden. ♀ farbenprächtiger als ♂. *Kopf- und Brustband bezeichnend.* Verhalten und Futtersuche wie Goldregenpfeifer. Tiefer Trillerruf. Durchzügler in Deutschland und der Schweiz, jedoch selten zu sehen (Bergrücken, Steppengelände).

Gedrungen. Flügel lang, schmal. Schnabel eher kurz. Bürzel weißlich, Gefieder aschgrau. Weiße Flügelbinde.

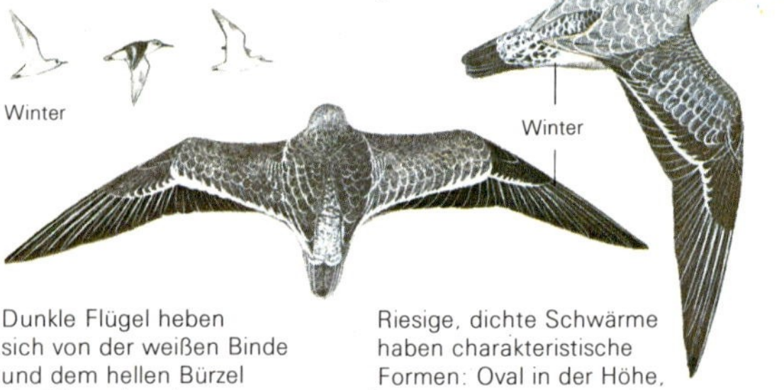

Winter

Winter

Dunkle Flügel heben sich von der weißen Binde und dem hellen Bürzel ab. Oberseite ohne größere weiße Partien.

Riesige, dichte Schwärme haben charakteristische Formen: Oval in der Höhe, gestreckter in Bodennähe.

◄ Extremes Beispiel des ♂ im Brutkleid. Oft blasser. ♀ z.T. schlichter.

Juv: Schuppiges Aussehen (braune bis helle Federsäume)

Weißer Augenstreif

Juv

Übergang vom Sommerkleid ins oben graue und unten weiße Winterkleid. Vgl. Sommerkleid.

Beine grünlich

Winter

Plump. Alle Knutte haben grünliche Beine, kurzen, geraden, schwarzen Schnabel.

Mittelgroßer Watvogel. Größer als Alpenstrandläufer, mit dem er oft zusammen auftritt. Auf dem Zug und im Winter an der Küste häufig. Sucht Futter in oft riesigen Ansammlungen. Geht dem Küstensaum entlang (rennt nicht), hält an, um zu stochern (oft mehrmals am selben Ort). Flug schnell mit raschen Schlägen. *Der tiefe «not»-Ruf ist bezeichnend*, ruft auch zweisilbig «kwik-ik». Brütet in der arktischen Tundra. Trifft bei uns zuweilen noch im Brut- oder Übergangskleid ein, meist aber im typisch aschgrauen und weißen Winterkleid. Im Binnenland viel seltener als an der Küste, wo er sich vor allem an schlammigen oder sandigen Ufern und Wasserstellen aufhält.

Rotschenkel

Weiße Zeichnung an Flügel und Rücken typisch. Beine im Flug länger als Schwanz. Schnabel ziemlich lang.

Weißer Augenring

Beine rot. Unterseite im Flug weiß. Lauter Ruf bezeichnend.

Dreieck

Aufmerksam. Im Sommer Beine rot, Schnabel orange mit dunkler Spitze.

Flügelschlage oft unter Horizontallinie

Beim Auffliegen ist das Weiß an Schwanz und Rücken sehr auffällig, im Flug leicht verdeckt

Ruf sehr laut, beim Auffliegen explosiv, aber melodiös «teu-hi-hi». Einziger Watvogel mit *großem, weißem Dreieck am Flügel. Beine im Sommer rot, im Winter orange.* Flug schnell, ruckartige Schläge, unberechenbar. Bewohnt feuchte Wiesen und Moore. In Deutschland gefährdeter Brutvogel, brütet nicht in der Schweiz; Durchzügler. Wintergast an Flachküsten.

Dunkler Wasserläufer

Weißes Oval bezeichnend (vgl. Schlammläufer)

Brutkleid

Augenstreif

Schnabel orange

Rotschenkel

Flügel gefleckt, ohne weiße Binde

Weißer Augenring und Streif über dem Auge

Im frischen Brutkleid und beim Wechsel ins Winterkleid fleckig

Winter

Winter

Übergangskleid

Schlank. Größer als Rotschenkel, mit längeren Beinen und Schnabel, ohne Weiß im Flügel. Weißes Oval und rote Beine unterscheiden ihn von den übrigen Watvögeln. *Brutkleid einzigartig rußschwarz.* Lauter; tiefer Ruf, «tjuit», kennzeichnend. Durchzügler und vereinzelt Wintergast an Küste und Schlickgebieten. Brütet in Skandinavien.

♀ im Winter mit feiner weißer Flügelbinde. Gefieder graubraun. Schwanz außen weiß.

Vgl. Größe von ♂ und ♀

♂ Juv (Juli–Nov.)

Schwanz außen weiß

März–Aug.

Juv im Herbst (♀ und ♂): Federn der Oberseite hell gesäumt. Schwanz außen weiß.

♂ im Brutkleid auffällige Halskrause. Gefiederfarben sehr variabel

Juv ♀   Juv ♂

Typische Haltung. Rundlicher Körper, langer Hals und zierlicher Kopf.

♂ im Brutkleid mit unverkennbarer Halskrause. Im viel weniger auffälligen Winterkleid ist der Kampfläufer an der *schwachen Flügelbinde und dem außen weißen Schwanz* zu erkennen. Flug ruckartig, ähnlich wie Rotschenkel. Ruft selten, «tu-it». Brütet in Nord- und Osteuropa; in Deutschland bedrohte Art. In der Schweiz auf dem Zug zu beobachten.

Flußuferläufer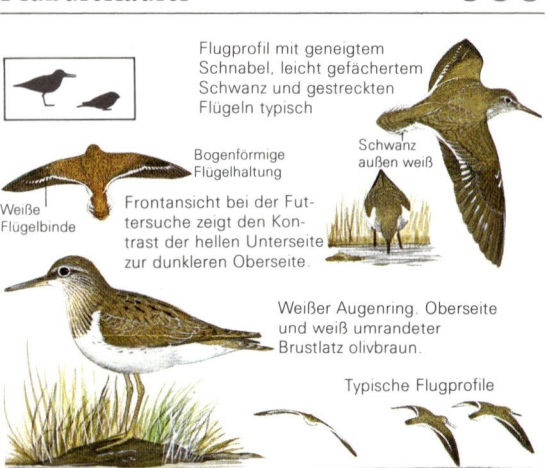

Flugprofil mit geneigtem Schnabel, leicht gefächertem Schwanz und gestreckten Flügeln typisch

Bogenförmige Flügelhaltung

Schwanz außen weiß

Weiße Flügelbinde

Frontansicht bei der Futtersuche zeigt den Kontrast der hellen Unterseite zur dunkleren Oberseite.

Weißer Augenring. Oberseite und weiß umrandeter Brustlatz olivbraun.

Typische Flugprofile

Immer in Bewegung. *Wippt mit dem Schwanz und nickt mit dem Kopf.* Schlicht olivbraun und weiß gefärbt. Weiße Flügelbinde bezeichnend. Fliegt bei Störung in *steifem Flug mit ruckartigen Schlägen* in weitem Bogen übers offene Wasser. *Ruf pfeifend.* In Deutschland und der Schweiz lokaler, bedrohter Brutvogel an kiesigen Flußläufen. Zugvogel (Apr.–Sept.).

Bruchwasserläufer

Bürzel weiß.
Schaft der
äußersten Flügel-
feder weiß.

Im Flug weißli-
cher Unterflügel

Flügel schmaler als
Waldwasserläufer,
die Beine überragen
den Schwanz
deutlich

Schlanker als
Waldwasserläufer,
Beine länger;
Oberseite stärker
gefleckt als
Waldwasserläufer

Juv: Augenstreif
deutlicher als beim
Juv Waldwasser-
läufer. Oben gefleckt.

Im Flug leichter zu erkennen als am Boden. Bürzel weiß, aber weniger deutlich vom Rücken abgehoben als beim Waldwasserläufer. Beine deutlich länger im Flug als Schwanz, *Unterflügel viel heller.* Gewinnt weniger schnell an Höhe. Ruft *im Flug in Trupps aufgeregt «schip-ip-ip».* Durchzügler, überwintert in Afrika. Brütet nicht in der Schweiz, in Deutschland selten.

Waldwasserläufer

Breite Flügel. Oberseite
wirkt sehr dunkel. Beine
überragen den Schwanz
nur knapp.

Augenstreif
und -ring

Erinnert im
Flug an große
Mehlschwalbe

Kopf im Frühjahr
blasser, Brust
gestrichelt

Winter

Unterflügel
schwärzlich

Vgl. Bruchwasser-
läufer. Oberseite
fein punktiert,
Brust dunkel.
Gedrungen. Beine
kürzer.

Scheu, vorsichtig. Ruffreudig. *Wirkt schwarz und weiß. Weißer Bürzel auffällig.* Kopfnicken und Schwanzwippen bezeichnend (vgl. Flußufer-läufer). Flug ähnlich Bekassine, gewinnt rasch an Höhe. Flugruf «kler-wit-wit». Brütet in baumbestandenen Mooren im Norden und Osten Europas. Durchzügler und Wintergast.

Grünschenkel

Oberseite wirkt im Flug grünlichgrau.

Keilförmiges weißes Feld auf dem Rücken auffällig. Schlanke Gestalt.

Schwanz wirkt weiß, wie ein Signal, wenn er gespreizt ist.

Emsig, zieht bei der Futtersuche den Schnabel durchs Wasser

Vorsichtig und nervös. Meist auf Distanz zu beobachten. Grünliche Beine und schwach aufgeworfener Schnabel bezeichnend.

Kopf und Brust im Herbst und Winter heller

Sommer

Schnabel leicht aufgeworfen

Kopf hell. Schnabel lang, leicht aufgeworfen. Dunkles Auge hell umrandet. Kopf und Brust im Sommer deutlich gestreift, sonst viel blasser.

Schlanker, heller Watvogel. Größer als Rotschenkel. Flügel einfarbig mit dunkler Spitze. Form eckiger als die anderen Arten. Einziger Watvogel mit *sanft aufwärts gebogenem Schnabel, grünlichen Beinen und V-förmiger, weißer Rückenzeichnung.* Rücken deutlich gemustert, zur Brutzeit *schwärzlich.* Fliegt schnell und geradlinig, oft hoch. Verrät sich meist durch seinen charakteristischen, *eindringlichen «tjü-tjü-tjü»-Ruf.* Nichtbrüter übersommern teilweise an der Küste. Durchzügler und lokaler, seltener Wintergast im Binnenland und an der Küste; an schlammigen Feuchtgebieten zu beobachten (Weiher, Teiche mit Klärschlamm, Flußmündungen, Brackwassertümpel). Brütet in feuchte Mooren und Sümpfen N- und O-Europas.

Pfuhlschnepfe

Beachte dunklen Flügelsaum der Uferschnepfe

Winter

Unterschiede zur Uferschnepfe: weißes Dreieck, Beine kürzer, keine Flügelbinde (vgl. Brach-, Regenbrachvogel)

Sommer

Winter

♀: längerer Schnabel als ♂

Juv

Juv Uferschnepfe

Vgl. Juv mit Juv Uferschnepfe   Ad futtersuchend   Winter

Weniger aufrechte Haltung und untersetzter als Uferschnepfe. Im *Sommer ganze Unterseite rostrot.* (Beachte helle Partien der Uferschnepfe). Oft in lockeren Trupps zu beobachten. Flug ziemlich rasch. Flugmanöver vor dem Landen. Ruft rauh. Auf dem Zug und im Winter in der Regel an der Küste, nur ausnahmsweise im Inland.

Uferschnepfe

Schwarze Ränder   Sommer

Beachte die breiten Flügelbinden. Unten balzende Uferschnepfen im rostroten Brutkleid

Schwarzer Schwanz, weißer Bürzel und Flügelbinde auffällig. Schnabel lang.

Winter   Winter

Im Winter graubraun und weiß. Schwarzer Schwanz, langer Schnabel und Beine auch am Boden erkennbar.

Sommer   Weiß

Balzverhalten des Paares am Nest

Schnabel lang, fast gerade. Hochbeinig und schlank. Weißer Bürzel und *breite, weiße Flügelbinde* (ähnlich wie Austernfischer). Bauch und Schwanzunterseite auch im Brutkleid weiß (vgl. Pfuhlschnepfe). Flug geradlinig, schnell und kraftvoll. Flugruf laut «wiker-wiker-wiker». Brütet nicht in der Schweiz, in Deutschland bedroht. Durchzügler.

Bekassine

Flug schnell. Beim Auf-
fliegen meist zuerst
niedrig im Zickzack-
flug, dann rasch
emporsteigend.

Schnabel
sehr lang

Balzflug

Beim Landen

Langer Schnabel, im Flug
leicht geneigt. Rücken
dunkelbraun, mit deutlichen
rahmfarbenen Streifen.

Rundlich gebaut. Deutliche
Streifung an Kopf und
Rücken bezeichnend.
Sucht Futter an Teichen
und in Sümpfen.

Mittelgroße Schnepfe. Am Boden kaum zu bemerken, gut getarnt.
Flieht in rasantem *Zickzackflug, begleitet von quäkenden Rufen.* Wirkt
im Flug braun und langschnäblig. Zeigt bei der Balz Sturzflüge, wobei
die Schwanzfedern einen meckernden Ton erzeugen. Brütet in Sumpf-
gebieten der Schweiz (sehr selten) und Deutschlands. Durchzügler,
seltener Wintergast.

Zwergschnepfe

Im Flugprofil Flügel breiter,
Schwanz und Schnabel
kürzer als Bekassine

Rückenstreifung
im Flug sehr
lebhaft

A   B

Typischer Flugweg wenn aufgescheucht: A Bekassine,
B Zwergschnepfe

Schnabel lang.
Klein und un-
tersetzt, ist je-
doch am Boden
kaum zu sehen.

Kopf- und
Rückenmuster
deutlicher
als bei der
Bekassine

Kleiner als Bekassine. Lebt versteckt. Fliegt erst im letzten Moment und
ohne zu rufen auf. *Meist einzeln.* Fliegt langsamer, weniger im Zickzack
als Bekassine; kehrt gewöhnlich schon nach kurzer Distanz wieder auf
den Boden zurück. Ruft ähnlich wie Bekassine aber leiser; in der Regel
jedoch stumm. Durchzügler und seltener Wintergast; brütet in N- oder
Osteuropa.

Doppelschnepfe

Gleicht im Profil von der Seite der Waldschnepfe und der Bekassine. 2 Flügelbinden.

Punktiertes Feld

Weiß im Schwanz. Zwischen den Flügelbinden dunkel. Wirkt untersetzt.

2 Binden

Weiß

Dunkles Mittelfeld

Imm

Unterflügel und Körper gebändert (Juv stärker als Ad). Vgl. Unterflügel, Bauch und Flanken mit Bekassine.

Vgl. Schwanz mit Bekassine, die weniger Weiß hat

Gebändert

Bekassine

Vgl. Bekassine

Größer als Bekassine. Körper massiger, gedrungener. Ad mehr Weiß im Schwanz als Bekassine, von der sie aber sehr schwierig zu unterscheiden ist. *Fliegt ohne Zickzackflug auf,* fällt nach kurzer Strecke wieder in die Deckung zurück. Seltener Durchzügler. Brütet in Feuchtgebieten N- und O-Europas. Starke Abnahme. In Deutschland ehemaliger Brutvogel.

Waldschnepfe

Eulenartiger Flug mit langsamen Flügelschlägen zur Balz

Flügel rundlich Oberseite abwechslungsreich

Eigenartiges Muster am schlanken Kopf. Schwarz an Rücken und Schwanz (vgl. Bekassine).

Ad und Junge vorzüglich getarnt. Schnabel lang. Auge groß, nach hinten und oben am Kopf versetzt.

Manchmal klatschendes Geräusch beim Auffliegen. *Flug rasch, nicht gerade. Im Profil wie massige Bekassine.* Gefiedermuster bezeichnend. Meist stumm. Im Balzflug über den Bäumen pfeifender «si-wik»-Ruf. Dämmerungsvogel. Brütet in feuchten, lichten Wäldern; Schweiz und Deutschland (bedroht). Auf dem Durchzug auch in Mooren und im Winter an Gräben.

Kiebitz

Weiße Schwanzwurzel deutlich hervortretend

Flügel des ♂ breiter als beim ♀

Im Flug von unten kontrastreich schwarzweiß

Schwarz, weiß und etwas orange

Haube. Schwarze Brust. Orange unter dem Schwanz ist beim Picken sichtbar.

Schwarzweiß und Haube charakteristisch

Teilweise häufig auf Äckern, Feldern, Mooren und Sümpfen. Auffällige Flugspiele. *Einzige Art mit langer, spitzer Haube und schwarzweißem Gefieder.* Futtersuche am Boden, gehend oder rennend. Meist in Trupps oder großen Schwärmen. Ruft klagend «piirst» oder «pii-wit». Brutvogel, Durchzügler und Wintergast. In der Schweiz im Winter spärlich.

Austernfischer

Körper kräftig. Schnabel lang, orange. Breite Flügelbinden. V-förmiges weißes Feld am Bürzel.

Kehle im Winter und bei Juv weiß (Halsring)

Stich-Schnabel

Hammer-Schnabel

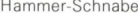

Alle gegen das Meer gerichtet, auf den Gezeitenwechsel wartend

Einzelne hämmern Muscheln auf, andere durchstechen deren Schließmuskel, entsprechend ihrer Schnabelform (s. oben).

Großer, aktiver und ruffreudiger Vogel. An schlammigen oder sandigen Küsten, oft in großer Zahl, im Binnenland seltener. Unverkennbar *schwarzweißes Gefieder und orange Beine und Schnabel.* Flügelschlag kräftig, wenig ausholend. Ruft «pik-a-pik», Warnruf «kliip-kliip». In der Schweiz selten, brütet nicht. In Norddeutschland Brutvogel; Wintergast.

Stelzenläufer

Juv

Weißes V am Rücken sichtbar, wenn der Vogel die Flügel streckt

Kennzeichen: Weißes V, lange, dunkle Flügel, lange rötliche Beine

Winter

Typische Stellung bei Futtersuche. Oberkopf des ♂ im Brutkleid schwarz.

Im 2. Jahr

Schnabel scheint im Feld nadelförmig.

Beine, Schnabel und Gefiederfärbung unverkennbar. Juv: Oberkopf bräunlich. 2. Lebensjahr: Nacken und Oberkopf grau. ♀ im Brutkleid: Nacken und Oberkopf weiß. Ad, Winter: Oberkopf schmutzig grau, selten rein weiß. Flug ziemlich rasch. Brütet in einzelnen Mittelmeerländern und Ungarn, in Mitteleuropa selten und nur sporadisch. In Lagunen und Sümpfen.

Säbelschnäbler

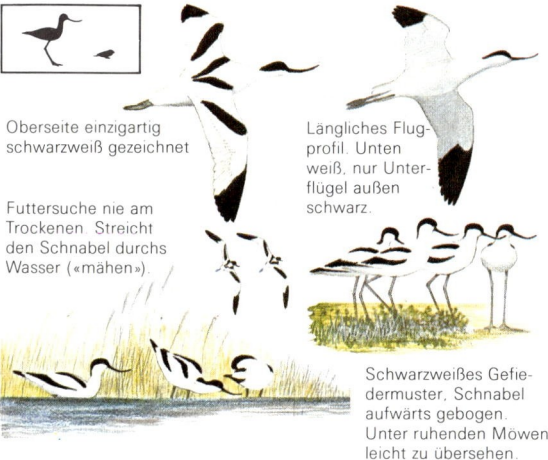

Oberseite einzigartig schwarzweiß gezeichnet

Längliches Flugprofil. Unten weiß, nur Unterflügel außen schwarz.

Futtersuche nie am Trockenen. Streicht den Schnabel durchs Wasser («mähen»).

Schwarzweißes Gefiedermuster, Schnabel aufwärts gebogen. Unter ruhenden Möwen leicht zu übersehen.

Am schwarzweißen Gefieder, dem aufwärts gebogenen Schnabel und den grauen Beinen leicht erkennbar. Schwarze Stellen des Ad beim Juv braun, oben bräunlich getönt. Im Flug vermittelt der rasche Flügelschlag des Säbelschnäblers einen «flackernden» schwarzweißen Eindruck. Brütet in Deutschland, vor allem in Küstennähe. In der Schweiz sehr selten zu beobachten.

135

Unterflügel heller als Brachvogel

Vgl. Form und Färbung mit Brachvogel, Pfuhl- und Uferschnepfe

Gedrungener als Brachvogel, Flügel wirken spitzer, Hals kürzer. Der helle Augenstreif ist auch aus der Entfernung sichtbar.

Profil im Flug spitzer und weniger schlank. Beachte Gefiederfärbung.

Brachvogel (gleiche Skala)

Oberkopf im Gegensatz zum Brachvogel dunkel, mit hellem Augen- und Scheitelstreif

Regenbrach- vogel

Vgl. Größe und Hals der beiden Arten (Brachvögel in der Größe variabel)

Gleicht dem Brachvogel in Körperbau und Gefieder- färbung. Der Regenbrachvogel ist aber kleiner, gedrungener, hat kürzeren Schnabel und Beine und eine bezeichnende Kopffärbung.

Regenbrachvogel, Brachvogel, Grünschenkel und Pfuhlschnepfe glei- chen sich in Körperbau, Flügelform und Gefiederfärbung. Die beiden Brachvogelarten haben aber gebogene Schnäbel. Sie unterscheiden sich in der *Kopffärbung*, der *Schnabellänge* und in der *Stimme*: beim Regen- brachvogel eine Reihe von 7–8 Pfeiftönen in rascher Folge, «kui-hi-hi- hi-hi-hi-hi-hi». Ruft auch nachts und auf dem Zug. Weniger scheu als Brachvogel; Flügelschläge etwas schneller. Beide Arten können an schlammigen oder sandigen Küsten und Flußmündungen beobachtet werden. Brütet in Mooren im Osten und hohen Norden Europas. Durch- zügler an den Küsten und im Binnenland. Überwintert weiter im Süden als der Brachvogel.

Brachvogel

Vgl. weiße Partien mit Regenbrachvogel, Grünschenkel und Pfuhlschnepfe

Färbung von Oberseite und Flügel dem Regenbrachvogel sehr ähnlich, Kopf aber einfarbig. Größer; Schnabel länger (vor allem beim ♀). Dennoch sind die beiden Arten schwierig zu unterscheiden.

Kopf einfarbig

Flügel außen dunkler

♀: Schnabel bis 17 cm lang

♂: Schnabel 10–14 cm lang

Unterflügel scheint von weitem weiß. Musterung nur aus der Nähe sichtbar; hebt sich von der gelbbraunen Brust ab

Regenpfeifer

Schnabel beim Ruhen ins Rückengefieder gesteckt, steht oft auf 1 Bein. Vgl. Größe mit Regenpfeifer.

Flug oft leicht und langsam. Können in riesigen Schwärmen auftreten.

Verschiedene Stellungen: Aufmerksam (links) und ruhend; in der Moorlandschaft immer gut getarnt dank der Färbung

Größter brauner Watvogel mit langem, gebogenem Schnabel und weißem Bürzel. Einzig mit dem Regenbrachvogel zu verwechseln. Scheu, große Fluchtdistanz. Gebahren weniger eilig als andere Watvögel. Sucht das Futter an schlammigen oder sandigen Feuchtgebieten, ruht gerne auf Feldern, Sümpfen und Mooren. An der Küste oft in großen Schwärmen niedrig über dem Wasser zu beobachten. Fliegt schnell, aber mit ruhigeren Flügelschlägen als die meisten anderen Watvögel. Rufe bezeichnend, aber recht vielfältig, typisch schnell «kwi-kwi-kwi» oder flötend «kur-lii». Brütet auf offenen Riedwiesen, Sümpfen und Mooren, selten auch auf Kulturland. Bedrohter Brutvogel (Meliorationen). Durchzügler und Überwinterer.

Wassertreter

Schnabel kräftig

Hellgrau

Winter

Brutkleid

Juv im Winter

Winter

Thorshühnchen

Odinshühnchen

Thorshühnchen: untersetzt, breite Flügelbinde; vgl. Schwanz

Odinshühnchen: schmale Flügelbinde. Klein, zierlich.

Odinshühnchen

Arten am Schnabel zu unterscheiden

Brutkleid

Juv

Juv

Winter

Odins- und Thorshühnchen sind meist auf dem Wasser zu beobachten, wo sie wie winzige Möwen aussehen. Im Winterkleid sehr ähnlich. Im Winter am Meer, auf dem Zug auch auf Binnengewässern. Thorshühnchen: Schnabel kürzer, dicker, an der Wurzel oft gelb. Beine hell, graubraun oder schwarz. Odinshühnchen: Feinerer Schnabel und Beine immer schwarz.

Triel

Form und «kriechende» Haltung bezeichnend Zwei deutliche Flügelbinden.

Im Flug (langsame, ausholende Schläge) an Färbung und gewinkelten Flügeln erkennbar

Sandfarben, gestreift. Auge groß, Schnabel kurz, Schwanz lang.

Rückenansicht zeigt den flachen Kopf

Beine lang, gelblich

Flügelbinde

Weiße Flecken

Großer Watvogel. Hauptmerkmale: *hochstirnig, Kopf oben flach; Auge groß; Beine lang; sandfarben.* Duckt sich eher als aufzufliegen. Gemessener Gang. Im Flug manchmal einzelne schnellere Schläge. Ruft laut, «kur-li», vor allem in der Dämmerung. Bewohnt steppenartige Gebiete. Brütet nicht in der Schweiz, in Deutschland höchstens sporadisch.

Seltene Röhrichtbewohner

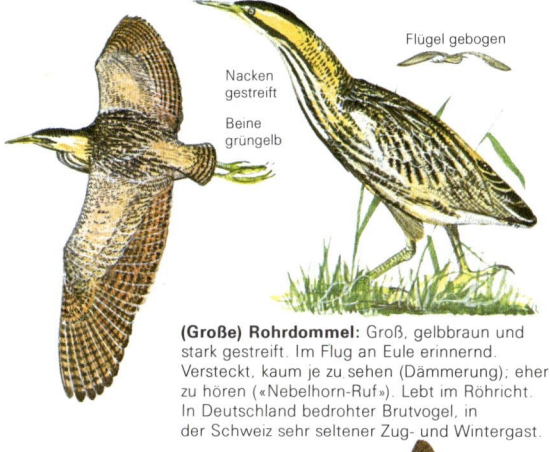

(Große) Rohrdommel: Groß, gelbbraun und stark gestreift. Im Flug an Eule erinnernd. Versteckt, kaum je zu sehen (Dämmerung); eher zu hören («Nebelhorn-Ruf»). Lebt im Röhricht. In Deutschland bedrohter Brutvogel, in der Schweiz sehr seltener Zug- und Wintergast.

Nachtreiher. Mittelgroß. Ad unverkennbar schwarz, weiß und grau, im Brutkleid mit langen Schmuckfedern. Juv reichlich grob gefleckt. Dämmerungsaktiv. Seltener Brutvogel, Durchzügler.

Kleines Sumpfhuhn. Scheuer, kleiner Sumpfvogel. Schnabelwurzel rot, Beine meist grünlich. ♀: Unterseite rahmfarben. Ähnlich Zwergsumpfhuhn. Sehr seltener Brutvogel.

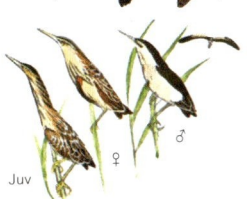

Zwergreiher. Kleiner Reiher. Flügel dunkel mit rahmfarbenem Feld. Versteckt. Ruf quakend. Brütet im Röhricht. Bedrohte Art. Zugvogel.

Zwergsumpfhuhn: Kleinstes Sumpfhuhn. Flanken gebändert, Oberseite mit feinem, weißem Muster (vgl. Kl. Sumpfhuhn). Selten.

Tüpfelsumpfhuhn: Größe zwischen Wasserralle und Sumpfhuhn. Versteckt, leicht zu übersehen. Brust getüpfelt. Bedrohter Brutvogel.

Graureiher

Sehr großer, grauer Reiher. Beine überragen im Flug den Schwanz, schwarzweißer Hals und Kopf eingezogen.

Unterseite im Gegensatz zum Purpurreiher grau

Reiher ruhen oft auf einem Bein. Rücken des Juv (links) grau.

Flügel stark gebogen. Flügelschlag langsam, weit ausholend.

Imm Graureiher beim Fischen. Schwarze Schmuckfedern und Augenstreif am Kopf, sowie schwarze Zeichnung an Hals und Brust des Ad fehlen.

Größe, lange Beine, dolchartiger Schnabel und vornehmlich graue Färbung bezeichnend. Im Brutkleid mit langen Schmuckfedern an Kopf und Rücken.

Größter verbreiteter Reiher. Einzig der viel seltenere Kranich hat eine ähnliche Größe. (Er hat lange, elegante Flügel und fliegt mit gestrecktem Hals, der Graureiher höchstens über kurze Strecke.) Jagt am Wasser oder auf Wiesen: Fische, Amphibien, Mäuse und Kleingetier, selten Vögel; Jagt in langsam stelzendem Gang oder bewegungslos wartend, tagsüber oder nachts. Auch an Teichen in Siedlungen, einzeln oder in Gruppen. Ruf sehr heiser «hraak», auch im Flug zu hören. Brütet kolonienweise auf hohen Bäumen. Verbreiteter Brutvogel und Wintergast im Kulturland mit Feuchtgebieten. Wegen Verfolgung und Störungen latent bedrohter Brutvogel. Kommt (seltener) auch in höheren Lagen vor.

Purpurreiher

Oberseite grau
(ähnlich Graureiher)

Rotbraun
(vgl. Grau-
reiher)

Flügel relativ schmal, Beine
länger als Graureiher; der
im Flug eingezogene Hals
ist stärker nach unten ausgebaucht und überragt die
untere Körperlinie.

Schnabel
schlanker als
Graureiher

Juv: Rücken und Vorderseite des
Flügels hellbraun (vgl. Graureiher). Beachte die langen,
dünnen Zehen (Füße erinnern
an Zweige).

Hals vorn
gestreift,
hinten
braun

2. Lebensjahr:
Weniger Schwarz
am Hals. Es
kann 5 Jahre
gehen, bis Ad-Kleid
erreicht wird.

Juv: Flügel-
unterseite
gelbbraun (Ad
rötlich-
braun)

Juv

Kleiner als Graureiher. Scheint im Flug größer, als er tatsächlich ist.
Charakteristisches Flugbild: *Die Beine überragen den Schwanz deutlich,
der Hals hebt sich leicht von der Linie des Körpers ab (leicht nach unten
ausgebaucht). Flug langsam, Flügel gebogen; weit ausholende Flügelschläge.* Bei der Futtersuche im seichten Wasser typisch reiherartiger,
langsam schleichender, majestätischer Gang. Nistet in ausgedehnten
Schilfgebieten, gelegentlich auf Büschen. Brütet vor allem in Südeuropa, in Mitteleuropa inselartige Vorkommen (z.B. Holland). In
Deutschland und der Schweiz, wo umherstreifende Nichtbrüter auftreten, sehr seltener Brutvogel. Fliegt auf dem Zug oft sehr hoch. Im Winter
in Afrika.

Selten auftretende Sumpfvögel

Seidenreiher: Schlanker, eleganter, weißer «Reiher». Mittelgroß. Im Brutkleid lange Schmuckfedern an Kopf und Rücken. Schwarzer Schnabel lang und dünn. Beine schwarz. Im Flug sind die leuchtend gelben Füße gut erkennbar. Meist in Wassernähe (Salz- oder Süßwasser), wo er Futter sucht. Brütet in S- und O-Europa, oft in Kolonien mit anderen Reihern. Zunehmendes Auftreten von umherstreifenden Nichtbrütern weiter im Norden.

Kuhreiher

Schnabel schwarz

Schmuckfedern

Beine schwarz

Füße gelb

Kuhreiher: Kleiner und plumper als Seidenreiher. Brutkleid: gelbbraune Schmuckfedern an Kopf, Brust und Rücken; Schnabel und Beine rötlichgelb. Ruhe- und Juv-Kleid: erscheint ganz weiß, Beine gelb bis grünlich. Meist in Gesellschaft von Vieh. Brütet in Nordafrika. Nichtbrüter treten vermehrt weiter nördlich auf.

Winter

Gelbliche Schmuckfedern

Brutkleid

Löffler: Ziemlich groß. Reiherartig, aber am vorne breitem, langem Schnabel. Hals im Flug gestreckt, Flügel leicht gebogen. Im Brutkleid Haube und gelblicher Brustfleck. Flügel des Juv an der Spitze schwarz. Südeuropa. In Mitteleuropa selten, herumstreifend.

Haube

Schnabel schwarz und gelb

Brutkleid

Gelblicher Fleck

Hals gestreckt

Juv

Gestreift

Beine schwarz

Gelblichbraune Schmuckfedern

Schwarz

Juv

Rallenreiher: Kleinster, im Flug deutlich weisser Reiher. Im Brutkleid Scheitel schwarz und weiß gestreift, Rücken mit gelblichbraunen Schmuckfedern (♂ und ♀). Juv: Oberseite bräunlich, Brust deutlich gestreift. In Mitteleuropa umherstreifend, selten.

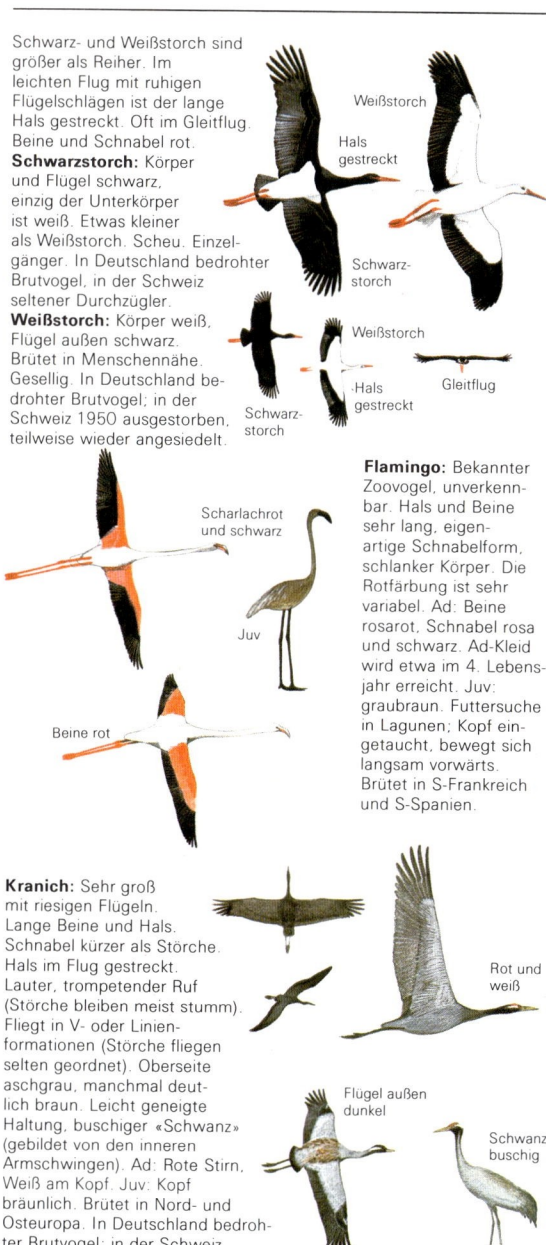

Schwarz- und Weißstorch sind größer als Reiher. Im leichten Flug mit ruhigen Flügelschlägen ist der lange Hals gestreckt. Oft im Gleitflug. Beine und Schnabel rot.

Schwarzstorch: Körper und Flügel schwarz, einzig der Unterkörper ist weiß. Etwas kleiner als Weißstorch. Scheu. Einzelgänger. In Deutschland bedrohter Brutvogel, in der Schweiz seltener Durchzügler.

Weißstorch: Körper weiß, Flügel außen schwarz. Brütet in Menschennähe. Gesellig. In Deutschland bedrohter Brutvogel; in der Schweiz 1950 ausgestorben, teilweise wieder angesiedelt.

Weißstorch

Hals gestreckt

Schwarzstorch

Weißstorch

Hals gestreckt

Gleitflug

Schwarzstorch

Scharlachrot und schwarz

Juv

Beine rot

Flamingo: Bekannter Zoovogel, unverkennbar. Hals und Beine sehr lang, eigenartige Schnabelform, schlanker Körper. Die Rotfärbung ist sehr variabel. Ad: Beine rosarot, Schnabel rosa und schwarz. Ad-Kleid wird etwa im 4. Lebensjahr erreicht. Juv: graubraun. Futtersuche in Lagunen; Kopf eingetaucht, bewegt sich langsam vorwärts. Brütet in S-Frankreich und S-Spanien.

Kranich: Sehr groß mit riesigen Flügeln. Lange Beine und Hals. Schnabel kürzer als Störche. Hals im Flug gestreckt. Lauter, trompetender Ruf (Störche bleiben meist stumm). Fliegt in V- oder Linienformationen (Störche fliegen selten geordnet). Oberseite aschgrau, manchmal deutlich braun. Leicht geneigte Haltung, buschiger «Schwanz» (gebildet von den inneren Armschwingen). Ad: Rote Stirn, Weiß am Kopf. Juv: Kopf bräunlich. Brütet in Nord- und Osteuropa. In Deutschland bedrohter Brutvogel; in der Schweiz seltener Durchzügler.

Rot und weiß

Flügel außen dunkel

Schwanz buschig

Seetaucher

Unterflügel weiß
(Sommer und Winter)

Winter

Winter

Im Brutkleid leicht zu erkennen. Sterntaucher: Kopf grau, Kehle backsteinrot. Prachttaucher: Kopf grau, Kehle schwarz. Eistaucher: Kopf schwarz und Hals schwarz mit weißen Streifen. Vgl. Oberseite der 3 Arten.

Seetaucher fliegen zügig mit raschen Flügelschlägen, meist niedrig über dem Wasser, auf dem Zug jedoch oft in großer Höhe. Dann sind nur die langen, schmalen Flügel, der leicht geneigte Hals und die nachgezogenen Beine zu sehen. Unterseite im Winter weiß; Rücken und Flügel dunkel, fein weiß gezeichnet.

Sterntaucher (Winter)

Prachttaucher (Sommer)

Eistaucher (Sommer)

Sterntaucher

Zuweilen «aufrechte» Haltung auf dem Wasser. Eigenartige Halsform des Prachttauchers.

Kopf heller als Rücken

Seetaucher liegen tief im Wasser und sind an der langen Form erkennbar. Kopf- und Schnabelform sind wichtige Artkennzeichen.

Prachttaucher

Rücken heller als Kopf

Eckiger Kopf

Weißer Fleck

Weiß überm Auge

Eistaucher

Deutliche Flecken

Rücken fein gefleckt

Schnabel aufgeworfen

Sterntaucher

Seetaucher gleichen oberflächlich betrachtet dem Kormoran, haben aber einen dickeren Hals und spitzen Schnabel. Beine am hintersten Körperende, Schwanz sehr kurz. Flügel im Flugprofil in der Körpermitte. Beim «Überkippen» (Bauchputzen) ist der weiße Bauch sichtbar. Schnabel oft leicht ins Wasser getaucht; oft wird der Kopf vor dem Tauchen nach Fischen kurz unter Wasser getaucht. Kann sehr große Distanzen tauchen. Sterntaucher hebt sich leicht vom Wasser ab, bevor er taucht, oder gleitet direkt unter Wasser. Seetaucher brüten im Norden und Nordosten Europas, der Eistaucher in Nordamerika und Island. Sie überwintern auf dem Meer, seltener im Binnenland, wo sie auch in der Schweiz zu beobachten sind.

Prachttaucher größer als Sterntaucher, ist aber im Flug kaum zu erkennen. Hat den dunkelsten Rücken der drei Arten; Kopf und Hals hinten stark grau. Juv am Rücken stärker getupft als Ad.

Prachttaucher

Sterntaucher

Schnabel des Prachttauchers gleichmäßig, gerade

Schnabel des Eistauchers kräftig, gerade

Der Eistaucher ist der größte der drei Seetaucher. Flügel sehr lang, an der Spitze leicht gebogen. Kopf eckiger als die anderen Arten, deutliche Stirn. Kräftiger, gerader Schnabel. Massiger Körper. Rücken deutlich gemustert, doch gibt es große individuelle Variationen.

Eistaucher (Winter)

Winter   Sommer

Prachttaucher

Winter   Sommer

Eistaucher

Typische Ansichten des Eistauchers

Brutkleid

Sterntaucher   Prachttaucher

Auf den Binnengewässern Mitteleuropas ist der Prachttaucher meist regelmäßiger zu beobachten als der Sterntaucher; der Eistaucher ist der seltenste, doch treten alle drei nur in geringer Zahl (meist einzeln) auf. Der Eistaucher ist der größte, mit dem kräftigsten, geraden Schnabel. Kopf eckig. Der Sterntaucher ist etwas kleiner als der Prachttaucher. Er hat einen feinen, aufgeworfenen Schnabel, doch sind sie im Winterkleid schwierig zu unterscheiden. Der Prachttaucher hat einen geraden, feineren Schnabel als der Eistaucher. Das Rückengefieder ist geschuppt (helle Federsäume). Im Brutkleid sind die drei Seetaucherarten dagegen leicht zu unterscheiden.

145

Schwarzhalstaucher

Vgl. Größe mit Zwergtaucher (S. 148)

Weißes Feld im Flügel

Kopf oben dunkel, Wangen weiß

Beachte Kopfform, Schnabel und Kopfmuster

Hohe Stirn

Schnabelspitze aufgeworfen

Goldener Büschel

Sommer

Profil ähnlich Ohrentaucher. Mehr oder weniger tief im Wasser liegend. Hals gestreckt oder leicht eingezogen.

Etwas kleiner als Ohrentaucher, von dem er im Winter an der Kopfform, dem aufgeworfenen Schnabel und dem Muster der Kopffärbung zu unterscheiden ist. Im Sommerkleid leichter erkennbar. Taucht gut, nimmt aber auch Nahrung von der Oberfläche auf. Wintergast (offene Seen, Küste) und Brutvogel (flache Gewässer). Bedrohte Vogelart, brütet in der Schweiz sehr selten.

Ohrentaucher

Flachere Stirn als Schwarzhalstaucher, weißer Fleck vor dem Auge, Wangen weißer. Schwarz bis Augenhöhe.

Fleck

Ohrentaucher

Schwarzhalstaucher

Ohrentaucher

Flügel breiter mit weniger Weiß als Schwarzhalstaucher. 2. weißer Fleck in Schulterregion

Schwarzhalstaucher

Wenig Weiß

Winter

Von vorn im Brutkleid

Gelbe «Ohren»

Winter

Verhält sich ähnlich wie der Schwarzhalstaucher, fliegt etwas häufiger. Beide Arten sind aber meist auf dem Wasser zu beobachten. Hebt sich beim Tauchen zuerst etwas vom Wasser ab (Schwarzhalstaucher taucht direkter). Im Winter eher an der Küste als im Binnenland. In Mitteleuropa Durchzügler und Wintergast, in der Schweiz selten. Brütet in Nord- und Osteuropa.

Haubentaucher

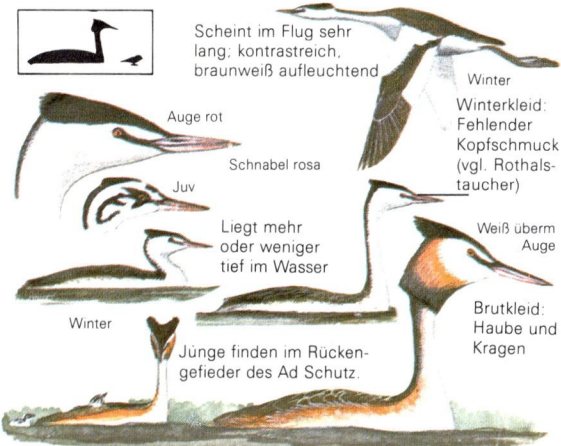

Scheint im Flug sehr lang; kontrastreich, braunweiß aufleuchtend

Winter

Winterkleid: Fehlender Kopfschmuck (vgl. Rothalstaucher)

Auge rot

Schnabel rosa

Juv

Liegt mehr oder weniger tief im Wasser

Weiß überm Auge

Brutkleid: Haube und Kragen

Winter

Junge finden im Rückengefieder des Ad Schutz.

Größter Lappentaucher. Winterkleid viel schlichter als Sommerkleid.
Schlanke, lange Körperform. Hals scheint im Winter, wenn der Kopfschmuck fehlt, sehr lang und dünn. Ausgezeichneter Taucher; flüchtet durch Wegtauchen oder Schwimmen eher als durch Fliegen. Bellender Ruf. Brütet und überwintert vor allem auf stehenden Gewässern. Verbreitet.

Rothalstaucher

Vgl. Profil, vor allem Kopf und Hals mit Winterkleid des Haubentauchers

Haubentaucher (Winter)

Auge dunkel

Winter

Weiß

Schnabel hellgelb

Dunkel

Weniger Weiß im Flügel als Haubentaucher

Auge gelb

Juv

Winter

Sommer

Sommerkleid: Schnabelwurzel gelb, Oberkopf schwarz, Wangen hellgrau, Hals und Brust rostrot. Kein Weiß über dem Auge.

Kleiner als Haubentaucher. Im Sommerkleid kaum zu verwechseln. *Im Winter an der Kopf- und Körperform, der gelben Schnabelwurzel und dem fehlenden Augenstreif erkennbar.* Wie seine Verwandten ist er ein gewandter Taucher. Durchzügler und Wintergast, meist einzeln. In Deutschland lokaler Brutvogel, bedrohte Vogelart. Brütet nicht in der Schweiz.

Futtersuchend

Beim Landen

Schwanz

Juv

Schnabel lang;
braune, gestreifte Ober-
seite. Unterseite grau.
Schwanz ähnlich wie Teichhuhn.

Schlank. Auffälliger,
rahmfarbener
Unterschwanz

Rötlichbraun

Lebt heimlich und versteckt. Verrät sich am ehesten durch grunzende Laute. Erscheint nur selten aus der Deckung und verschwindet bei der geringsten Störung. Hie und da im Gebüsch zu sehen. Beine im unbehol-fenen Flug baumelnd oder nachgezogen. Brütet in dichter Ufervegeta-tion, an Seen und Teichen. Brutvogel, in Deutschland und der Schweiz lokal bedrohte Art.

Zwergtaucher

Gefieder im Winter heller braun.
Relativ großer Kopf.

Winter

Winter

Unterflügel und
Bauch hell. Ohne
Weiß an der Flügel-
oberseite (vgl. die an-
deren Lappentaucher).

Oberkopf dunkel

Gelber Fleck

Wange und
Kehle rotbraun

Sommer

Juv

Von hinten breit

Kleinster Lappentaucher. Rundliches Profil; liegt höher auf dem Wasser als die anderen Taucher. Im Unterschied zu den übrigen Arten hat er *kein Weiß an der Flügeloberseite.* Guter Taucher, spritzt beim Untertauchen. Rennt bei der Flucht über das Wasser. Schneller Flug mit raschen Flügelschlägen. Brütet auf flachen Kleingewässern. Auch im Winter zu beobachten.

Bläßhuhn

Ganz schwarz, nur Schnabel und Stirnschild weiß

Auch auf dem Land beweglich

Typische Schar auf dem Wasser

Juv grau und weiß

Heller Saum

Schwimmlappen

Fliegt trotz schwerfälligem Flug große Strecken

Ruffreudig. Verbreitet an Gewässern mit Ufervegetation, auch an Teichen in Städten. *Am weißen Stirnschild (fehlt dem Juv) und Schnabel sofort zu erkennen.* Rundliche Form. Von nahem blauschwarz, scheint von ferne schwarz. Weidet außerhalb der Brutzeit in Scharen auf Wiesen am Ufer. Ruf laut und scharf «kik» oder «pix». Häufiger Brutvogel und Wintergast.

Teichhuhn

Nickt beim Schwimmen mit Kopf und Schwanz

Fliegt unbeholfen mit baumelnden Beinen

Roter Stirnschild

Schreitender Gang, zuckt ununterbrochen mit dem Schwanz

Schnabel gelb und rot

Juv oben dunkler, unten heller braun. Grüner Stirnschild.

Gelbgrüne Beine

Verbreiteter, aber etwas versteckt lebender Brutvogel an vegetationsreichen Teichen und Seen. Kann aber recht zahm werden. *Rote Stirnplatte, gelbgrüner Schnabel,* dunkler Körper mit *hell gezeichneten Flanken und Unterschwanz* als typische Kennzeichen. Geht, rennt, schwimmt und taucht gewandt. Explosiver Ruf, «kitik», «kurruk» oder «kok-kok». Überwintert.

Pfeifente

♂ im Flug mit
V-förmig weißer
Schwanzzeichnung

Kopf braun,
Stirne rahmfarben

Spitzes Flugprofil

Weiß

Weißes
Feld

Braun-
weißes
Feld (auch
Imm ♂)

Weiß (auch ♂)

♀

♂

Unterflügel
einfarbig
(♂ und ♀)

♀

♀

♂

♂

Brust dunkel, Bauch weiß
(♂ und ♀)

Schwarz

Juv ♀

Beine sehr kurz;
watschelnder Gang

Bauch
weiß

♂ (Nov.–Mai)

♂: Kopf kastanienbraun,
Scheitel rahmfarben.
Schnabel grau, Spitze
schwarz.

Weidet häufig
auf dem Land

Rücken hellgrau

♂

Unterschwanz
schwarz,
weißer Fleck

Rücken hellgrau

Brust rostrot

Weiß

Weiß

Juv ♀

♀: hohe Stirn, Schnabel
graublau
und schwarz. Kopf,
Brust und Flanken dagegen
rotbraun. Weiß im Flügel,
Rücken braun.

Zierliche Ente mit spitzem Flugprofil und relativ kurzem Hals. Sucht das
Futter an der Wasseroberfläche oder auf dem Land, gründelt höchst
selten und taucht nie (außer wenn sie verletzt ist). Futtersuche häufiger
auf dem Land als die anderen Entenarten; weidet auch an der Küste, oft
in sehr großer Zahl (Winter). Schneller geradliniger Flug. Fliegt wie die
anderen Schwimmenten ohne Mühe direkt vom Wasser auf. ♂ ruft weit
hörbar «wi-uuu», pfeifend. Sehr gesellige Art, im Inland oder an der
Küste oft in großen Scharen. Überwintert hauptsächlich an der Küste, in
Binneneuropa seltener. Brütet in Nord- und Osteuropa. Durchzügler
und Wintergast, in der Schweiz seltener.

Spießente

Erzeugt im schnellen Flug ein sausendes Geräusch

Im Flug leicht geneigter, langer Hals

Spiegel bronzefarben

Weißes V

♀ und Juv

Helles V

Schwanz spitz

Weißer Saum

Flugprofil langgestreckt, dünn

♂

Weißer Saum

Brust und Unterseite weiß

Rahmfarben

♀ und Juv

Heller ums Auge

♂ im Anflug

Bauch hell, Flügel, Hals und Schwanz lang (Vgl. Pfeifente).

♀ und Juv

Unverkennbare Körperform. Der weiße Streifen hinter der Wange (♂) ist bezeichnend.

Gefieder oben allgemein graubraun, Bauch rahmfarben. Das Imm ♂ erreicht seine volle Schwanzlänge erst im Winter.

Nacken schokoladebraun

♂, Okt.–Juni

Brust weiß

Paarweise oder mit anderen Enten zusammen. Futtersuche meist gründelnd mit paddelnden Füßen.

Schnabel grau und schwarz

Weißer Streif

Schwanzspieß

♂

Weiß

Unterschwanz schwarz, rahmfarbener Fleck

Schwarz

Brust weiß

Scheuer und vorsichtiger als andere Entenarten, fliegt bei Störung weg. *Der lange Spießschwanz und die Gefiederzeichnung des ♂* sind unverkennbar. Flugprofil langgezogen und spitz. ♀ ähnlich Stockenten- und Schnatterenten ♀; *Hals und Schwanz länger, Schnabel grau, Gefieder heller und grauer.* Futtersuche meist gründelnd im wenig tiefen Wasser, frißt Pflanzen und Kleingetier. Fliegt oft in großer Höhe, sehr schnell; langsamer beim Kreisen über dem Wasser vor dem Landen. Überwintert vor allem an der Küste, in kleinerer Zahl auch im Binnenland. In der Schweiz nur auf dem Durchzug, seltener Wintergast. Brütet in Nord- und Osteuropa; in Deutschland seltener und bedrohter Brutvogel.

Schnatterente

Unterflügel und
Bauch weiß (♂ und ♀)

♀

Brust
dunkel ♂

Weißer Fleck

Schwarz

♀. Seitenansicht

♀

Spiegel grau,
schwarz und
weiß; Schwarz
an Rücken
und Schwanz

Schnatterente ♀

Stockente ♀

Flügel des ♀
weniger farbig als ♂

Gefieder des ♀
grauer, Stockenten ♀
gelb- bis rotbraun

♀

♂

♀

♀

Bauch weiß

Schnabel
dunkelgrau

♂ unauffällig
staubig grau gefärbt

Schwacher Augenstreif

Rücken grau

♂

Flanken fein
marmoriert

Brust des ♂
fein gebändert

♂

Schwarz

♂

♀

♀

Weiß am Flügel nicht
immer sichtbar. Schnabel-
färbung bezeichnend.

Paar gründelnd.
Vgl. Stockente.

Recht eintönig und unauffällig gefärbte Entenart. Leicht erkennbar *am
weißen Flügelfeld* (im Flug gut sichtbar). Flügel im Flugprofil eher spitz
(nicht leicht zu erkennen) und Körper weniger massig als Stockente.
Scheuer und versteckter als Stockente. Meist an Süßwasser, selten an der
Meeresküste. Futtersuche gründelnd. Flug eleganter als Stockente mit
schnelleren Flügelschlägen. Stimme des ♂ grunzend-pfeifend; ♀ schnat-
ternd, ähnlich Stockente. In der Schweiz seltener, bedrohter Brutvogel.
Durchzügler und Überwinterer, nicht häufig. In Deutschland lokaler
Brutvogel, Durchzügler und Wintergast. Viel seltener als Stockente.
Bewohnt Gewässer mit dichtem Röhricht und reicher Vegetation.

Stockente

Flug schnell, rasche Schläge. Flügel hinter der Mitte, mit blauschillerndem Spiegel. Hals lang.

Weißer Halsring

Schwarzer Keil

Hellgrau (einzige Entenart)

Blau schillernd

2 weiße Flügelbinden

♀

♂

♂

♂ kontrastreich: Kopf grün, weißer Halsring, Brust und Hals rotbraun. Schnabel ganz gelb. «Locken» am Schwanz (nur ♂)

♀

Unterflügel vorne weiß (♂ und ♀)

Nur bei ♂ Stockente

♀ und Juv: Körper gefleckt. Hinterrand des Flügelspiegels weiß gesäumt. Schnabel nicht so breit wie Löffelenten ♀. Beine des Juv gelborange.

Schnabel gelb

Beine orange

Vgl. Schnatterente

Juv

Gelborange

Schwarzer Unterschwanz breit weiß gesäumt

Gründelnde Stockenten

Schnabelfarbe von ♀ und Imm verschieden von Schnatterente

♀

Die Flanken des ♂ sind vorn und in der Mitte grauweiß, hinten weiß

♂

Häufigste Entenart, weit verbreitet; kommt auch an Weihern in Städten vor. Körper recht massig und plump. Fliegt trotzdem sehr gewandt und kann sich auch auf dem Trockenen gut fortbewegen. Sucht Futter an der Wasseroberfläche oder gründelnd, daneben aber häufig auch abseits von Gewässern auf Wiesen und abgeernteten Getreidefeldern. Liegt hoch im Wasser. Kücken tauchen gern und gut, Ad nur ausnahmsweise (Fluchttauchen von Verletzten). ♂ ruft weich «räb», ♀ quackt weich und wiederholt. Kommt nicht nur auf dem Süßwasser, sondern auch an den Meeresküsten vor. Bewohnt Feuchtgebiete aller Art. Brütet am Boden, zuweilen auch in Baumhöhlen (selten auf Flachdächern). Brutvogel, Durchzügler und Wintergast.

Krickente

Spiegel grün und schwarz

♂

Bauch bei ♂ und ♀ weiß; ♂ mit rahmfarbener Brust

♂: Kopf grün und rotbraun; weiße Flügelbinde, weißes V am Schwanz

Kleinste Ente. Schnabel und Beine dunkel.

Streifung

♀: Flügelspiegel im Flug gut erkennbar

Schwarz und rahmfarben

Kleinste europäische Entenart (kleiner als Pfeifente), schon an der Größe erkennbar. *Flügelspiegel unterscheidet die Krick- von der fast gleich großen Knäkente.* Futtersuche im seichten Wasser. Schneller, wendiger Flug (ähnlich den Watvögeln), mit raschen Schlägen. Ruf kurz, melodiös «krit-krit». Durchzügler und Wintergast. Bedrohter Brutvogel.

Knäkente

Spiegel (vgl. Krickente)

2 breite Flügelbinden

♂

Kopf dunkel mit breitem weißem Augenstreif

Blaugrau

Flügel scheinen von weitem sehr hell

Krickente, deren Flügelspiegel grün und schwarz ist, hat schmalere Flügelbinden.

♂

Augenstreif

♀: Rücken und Flanken deutlicher gemustert als Krickente

♂

Brust dunkel, Bauch und Unterschwanz hell

♀

Klein. Am ehesten mit der fast gleich großen Krickente zu verwechseln. ♂ leicht an der Kopf- und Flügelfärbung zu erkennen. Lange, herabhängende Schulterfedern. Brust und Bauchfarben scharf getrennt. Spiegel des ♀ undeutlicher graubraun. *Eigenartig knarrender Ruf.* Bedrohte Brutvogelart. Durchzügler. Überwintert in Afrika, teilweise in S-Europa.

Löffelente

Flügel vorne hellblau

Flügel vorne hellblau

Schnabel breit

Spiegel grün

Kopf grün

1 breite Flügelbinde

♂

Brust weiß (♂)

♀

Weiß

Beine orangerot

♂

♀ ähnlich ♀ Stockente, Schnabel jedoch viel breiter, löffelförmig

♂: Brust weiß, Bauch rotbraun. Im Sommer (Schlichtkleid, ähnlich Stockente ♀) am Schnabel erkennbar.

♂

Breiter, spatelförmiger Schnabel unterscheidet sie von den übrigen Entenarten. *Schnabel und Hals lang; Flügel scheinen nach hinten versetzt.* Schnelle Flügelschläge. Fliegt leicht vom Wasser auf. Siebt Nahrung aus dem Oberflächenwasser. Bedrohter Brutvogel (in der Schweiz sehr selten) an pflanzenreichen Gewässern und Sümpfen. Durchzügler und Wintergast.

Moorente

♂

♀

♂

Nur Bauch weiß

♀

Weiß

Unterschwanz weiß

Breit weiß (vgl. Reiherente)

Reiherente ♀

♂

Auge weiß

Vgl. Augenfarbe von Reiher- und Moorente

♀

♂

Kopf, Hals und Brust kastanienbraun

Bauch weiß

Unterschwanz weiß

Schlanker als Reiherente, Form eher wie Krickente. *Auge, Bauch und Unterschwanz weiß. ♂ charakteristisch kastanienbraun, ♀ schokoladebraun.* Breites, blendend weißes Flügelband. Sucht Futter gründelnd, tauchend oder an der Oberfläche. Fliegt leichter auf als Reiherente. Brütet in O-Europa, in Deutschland sporadisch. Durchzügler, seltener Wintergast.

Tafelente

Vgl. Färbung der Unterseite mit Berg- und Reiherente

Hell

Kopf braun ♀

Kopf rotbraun ♂

Hell ♂

♀ und Imm

Rundere Form und grau am Flügel unterscheidet ♀ von den anderen Arten.

♀ hat helle Zonen in Augen- und Schnabelregion.

♂ kontrastreich silbergrau und dunkel. Schnabelform und -farbe verschieden von Reiher- und Bergente.

Grau

♀

♂

Rundliche, untersetzte Art, die selten auf dem Land zu sehen ist. Taucht sehr gut. Typische Kopf- und Schnabelform. Oft in riesigen Scharen. Braucht eine Anlaufstrecke um aufzufliegen. Fliegt mit schnellen Flügelschlägen. In Deutschland und der Schweiz zahlreich auf dem Durchzug und im Winter; lokaler, bedrohter Brutvogel.

Kolbenente

Klar begrenzter Bauchstreif (vgl. Tafelente)

Leuchtend orange

♀ und Imm

Viel Weiß am Flügel, Hinterrand dunkel gesäumt

♂

Wange hell

Unterflügel weiß

♀

Weiß

Weiß

Vgl. Reiher- und Bergente

♂: Breite, weiße Flügelbinde. Unterseite kontrastreich schwarz und weiß.

Kopf braun mit weißen Wangen, ähnlich wie ♀ Trauerente (vgl. Flügel)

♂: Schnabel karminrot. Kopf leuchtend rotbraun. Brust schwarz

♀

♂

Stattliche Ente mit relativ großem Kopf. Liegt hoch im Wasser. Profil länger als Tafelente. *Brust des ♂ schwarz*, deutlich von weißer Flanke und braunen Flügeln getrennt. In Deutschland und der Schweiz lokaler und meist seltener Brutvogel, bedroht. Durchzügler und Wintergast, doch wandern die meisten weiter nach Süden (Mittelmeerraum).

Eisente

Winterkleid, ♂: Hals weiß, Flügel braun, Rücken hell und braun

Wangenfleck

Braunes Band

Winter ♂

Winter

Breites braunes Brustband trennt weißen Hals und Bauch.

♀/Imm

♀/Imm: Bauch weiß. Flügel braun.

Charakteristisches Gesichtsmuster. Einzelne Individuen haben etwas hellere Flügelpartien.

♂

Winter

♂ im Sommer: Kopf (weisser Fleck ums Auge) und Hals schokoladebraun, Flanken weiß

Langer Schwanz

♀ immer mit dunklem Stirnband

Eisenten sind vorzügliche Taucher

Vom Herbst zum Winter wechselt die Kopffärbung des ♀ allmählich.

♀

♂

Ohrflecken des ♂ von hinten gut sichtbar

Winterkleid ♂: Gefieder grau, weiß und braun; Schwanzspieße. Schnabel schwarz und leuchtend rot.

Hohe Stirn

Schnabel kurz

♂

Kleiner als Reiherente. Das prächtige ♂ ist im Sommer- und Winterkleid leicht erkennbar. *Das ♀ ist durch die Kopf und Schnabelform und durch das weiße und schmutzig braune Gefieder gekennzeichnet.* Außer zur Brutzeit meist auf dem Meer, oft weit draußen. Im Binnenland eher seltener Durchzügler und Wintergast (Schweiz: Bis 10). Sie ist ein vorzüglicher Taucher und liegt meist tief im Wasser. Flügelschlag im Gegensatz zu anderen Entenarten tief unter der Horizontallinie ausholend. Im Flug zeigen Gruppen zuweilen eigenartige Flugspiele. Ruffreudig: ♀ bellend, ♂ laut und melodiös. Brütet an Seen in der Arktis. Durchzügler und Wintergast, vor allem in der südlichen Ostsee in großer Zahl.

157

Reiherente

♀ gleicht Bergente ♀, hat aber höhere Stirn und stärker gewölbten Kopf.

Bergente ♀

♂

♀

♂

♀

Weiße Flügelbinde

♂: Kopf schillernd schwarz. Kopfhaube. Auge gelb. Schnabel graublau.

Bräunlichweiß

Beim Tauchen

♀

♂

Kleine, rundliche, sehr aktive Ente. *Hebt sich vor dem Tauchen leicht vom Wasser ab; erscheint wie ein Kork an der Oberfläche.* ♂ unverkennbar. ♀ kleiner als Bergenten ♀, mit wenig oder ohne Weiß an der Schnabelwurzel. Unterschwanz manchmal weiß (vgl. Moorente). Rennt vor dem Abfliegen übers Wasser. Brutvogel (in der Schweiz selten). Häufiger Wintergast.

Bergente

Rücken hellgrau

♂

♀

♂

♀ ähnlich gefärbt wie Reiherenten ♀, Körperbau massiger

Kopf hochstirniger, ohne Haube. ♂ grünlichschwarz schillernd.

Größer als Reiherente

♀

Vgl. Kopfform mit Reiherente

Hellgrau

Liegt tief im Wasser

♀

♂

Gleicht der nah verwandten Reiherente, ist aber größer, länger und breiter. Keine Kopfhaube. Außerhalb der Brutzeit häufiger am Meer zu beobachten als im Binnenland. Gerne an muschelreichen Buchten und Flußmündungen. Taucht vorzüglich. Brütet im hohen Norden. Durchzügler und Wintergast; im Binnenland viel seltener als die häufige Reiherente.

Zwergsäger

Das lebhaft schwarzweiß gefärbte ♂ ist unverkennbar

Landung, ♂

Bürzel grau

Kopf und Hals fast ganz weiß

♂

Kopf rotbraun, Wangen weiß

♀/Imm

Weiß am Flügel ähnlich Pfeifente; vgl. Kopf und Schwanz

♀/Imm

♂ auf dem Wasser überwiegend weiß. Schnabelform.

♀ und Imm rotbraun, weiß und grau

Schwarzer Augenfleck

Kleinster Säger mit dem kürzesten Schnabel. ♂ unverkennbar schwarz und weiß gemustert, ♀ und Imm rotbraun, weiß und grau. Entenartig. Liegt höher im Wasser als Gänse- und Mittelsäger. Einzeln oder in Gruppen; gewandter Taucher. Fliegt in Linien- oder lockerer V-Formation. Durchzügler und Wintergast (Flüsse, Seen, Küste); in der Schweiz selten.

Schellente

Flaschengrün

Aufleuchtend weiße Flügelzeichnung

Braun

Fleck

♂

♀/Imm

♀/Imm

Unterseite weiß (♂, ♀, Imm)

♂

Buckliger Rücken und «dreieckiger» Kopf charakteristisch

♀

Landung

♂

Auge gelb

♀/Imm

Weißer Fleck

♂

Kleine, untersetzte Ente mit kurzem Hals. Hervorragender Taucher; hebt sich leicht vom Wasser ab, bleibt lange unter Wasser. *Flug sehr schnell, Flügel erzeugen klingelndes Geräusch.* Rennt vor dem Abflug übers Wasser, wobei die Flügel schwarzweiß aufleuchten. Durchzügler und Wintergast. Brütet nicht in der Schweiz, in Deutschland lokal im NO.

Gänsesäger

Beachte weiße Partien

Viel grau

♀/Imm

Vgl. Spiegel mit Mittelsäger

Vgl. Kopfform des Mittelsägers

Flugprofil langgezogen

Kragen

♀: Haube nur angedeutet. Kopf rotbraun, weißer Kragen (vgl. Mittelsäger).

♂: Weiße Partien mit lachsrotem Anflug

Größter Säger; massiger Körperbau und ziemlich breite Flügel. Die *lachsrot angehauchten weißen Partien des ♂* sind von weitem erkennbar. Taucht gut und weit. Ruft sehr selten. Brütet in Felsnischen und Baumhöhlen an Seen und Flüssen, in Deutschland (dort ein bedrohter Brutvogel) und der Schweiz. Zudem Durchzügler und Wintergast.

Mittelsäger

♂: Flügel oben weniger weiß als Gänsesäger. ♀ oben graubraun, nicht aschgrau wie Gänsesäger.

Rücken schwarz

Brust goldbraun (vgl. Gänsesäger)

Golden

♀/Imm

♂ und ♀ mit buschiger Haube (vgl. Gänsesäger). Braun und hell am Hals des ♀ undeutlich getrennt.

Vgl. Muster des Flügelspiegels mit Gänsesäger

Kragen

Golden

Der lange, rötliche Schnabel, die Kopfhaube und *der lange Körper* unterscheiden den Mittelsäger von den Enten. Deutlich *kleiner und schlanker als Gänsesäger* (vor allem im Flug auffällig). Ruft selten. Stärker ans Meer gebunden als Gänsesäger. Brütet nicht in der Schweiz. In Deutschland bedrohte Brutvogelart (Ostseeküste). Überwintert an Küsten, selten im Binnenland.

Brandente

Gansartige Form
♂ und
♀ unverkennbar
schwarzweiß

♀: Bauch fast ohne Schwarz

Roter Höcker

♂ im Brutkleid

Schwarzes Bauchband

Juv schmutziger gefärbt. An Kopf- und Körperform erkennbar.

Junge verschiedener Bruten können sich einem Brutpaar anschließen.

Rückenansicht

Gründelt bei der Futtersuche

Brustband fehlt

Zwischen Gans und Ente; *größer als Enten. Farbenprächtig schwarz und weiß.* Gesellig an flachen, sandigen oder schlammigen Küsten, seltener an Binnengewässern. Schnellere Flügelschläge als Gänse, fliegt aber langsamer. Flügel beim Wegflug nach vorn greifend. Pfeifende Stimme. In der Schweiz sehr seltener Wintergast. Brütet und überwintert in Deutschland.

Eiderente

Imm ♀

1 Binde   Massiges Flugprofil

Bauch schwarz   ♂

2 Binden

Rücken weiß

♀ und Imm: Eigenartige Kopf- und Schnabelform. Bis zum Nasenloch befiedert.

Kopf schwarz, weiß und limonengrün

♀/Juv   ♂

Groß. Eigenartige Kopfform. ♂ charakteristisch schwarz und weiß. Gefieder des Imm fleckig braun. Stark ans Meer gebundene Art, in Küsten und Inselnähe, aber auch auf offener See. Sehr gesellig. Schwimmt und taucht ausgezeichnet. Flug langsam, hat Mühe aufzufliegen. Ruf weich «kuu-uuh». Brütet an nordischen Küsten. In der Schweiz nur im Winter, selten.

Ziergeflügel und sehr seltene Wasservögel

Prachteiderente: Etwas kleiner als Eiderente. ♀ kaum von Eiderenten ♀ zu unterscheiden (vgl. Kopf und Schnabel). ♂ bezeichnend schwarzweiß. Arktische Art, sehr selten.

Steile Stirn

Gesicht einzigartig

Vgl. Flügel mit Eiderente

Weißes Feld

Scheckente: Kleine Meeresente. ♂ mit weißem, fleckigem Kopf; einzige Art mit rotbraunem Bauch. ♀ mit stockentenartigem Flügel. Nordische Tundra, dringt im Winter kaum je bis Mitteleuropa vor.

Augenring

Vgl. Stockente

Grün und schwarz

Schwarzer Punkt

Vgl. Zwergsäger

Wange hell

Schnabel blau

Schwanz aufrecht

Schnabel blau

Schwarzkopf-Ruderente: Klein, aktiv. Auf dem Wasser eigenartige Form. ♂ am aufrechten Schwanz und der Färbung, ♀ an der Form erkennbar. Nordamerika, in England angesiedelt.

Mandarinente: Teilweise angesiedelter Parkvogel. ♂ unverkennbar. ♀ mit weißem Augenstreif, ohne Haube.

Weißes Feld

Orange

Weißer Augenstreif

Schnabel rosa

Nilgans: Teilweise angesiedelt. Kopf braun und weiß. Brauner Brustfleck (♂, ♀).

Hochbeinig

Haube

Brautente: Teilweise halb verwilderte Gefangenschaftsvögel. ♂ unverkennbar, ♀ mit weißem Augenfleck.

Trauerente

Hellere Wangen (vgl. Eiderenten ♀)

♀ und Imm

♂ Ad ist die einzige ganz schwarze Ente.

♂

♀ und Imm

♂

Vgl. Schnabelform ♂ und ♀

Fliegt oft in Linie niedrig über dem Wasser. Schwimmt mit leicht abgehobenem Schwanz. Auf dem Zug an Gewässern und Küsten.

Unterflügel blaß (♀/Imm)

Spitzer Schwanz

Oft als eine Linie dunkler Punkte über dem Meer zu beobachten. ♀ ähnlich Eiderenten ♀, aber mit hellerer Wange und anderer Kopf- und Schnabelform. Taucht gewandt nach Muscheln. In Mitteleuropa im Winter vor allem an der Küste, seltener im Binnenland zu sehen; teilweise im Sommer (Mauser) an nördlichen Küsten. Brütet an Tundragewässern im hohen Norden.

Samtente

♀/Juv

2 helle Flecken (♀/Imm)

♂

♂

Lebhaft weiß ums Auge

Juv etwas heller als Ad ♀

Kopf kräftiger, Hals dicker als Trauerente. ♂, ♀ und Juv haben Weiß im Flügel.

Auf dem Wasser ist das Weiß nur beim Flügelstrecken sichtbar.

♂

Von der ähnlichen Trauerente am besten am weißen Flügelfeld zu unterscheiden. Taucht vorzüglich, auch auf der rauhen See. Weniger zahlreich beisammen als Trauerente (15–20). Flug niedrig über dem Meer, auf dem Zug in großer Höhe. Brütet im hohen Norden, überwintert vor allem an den Meeresküsten, seltener auch auf Binnengewässern (z.B. Schweiz bis 100).

163

Kanadagans

Fliegt schnell mit kräftigen, gemessenen Schlägen. Vor allem auf dem Zug in V-Formation. Flügel sehr groß.

Brust hell

Kontrastreich. Der schwarze Kopf und Hals heben sich deutlich vom hellen Bauch und dem Kehlwangenfleck ab.

Weißer Kehlfleck

Weiß

Rücken vor der Herbstmauser ziemlich einfarbig braun, bei einzelnen aber deutlich gemustert

Flanken dunkel

Weiß

Weißes Band

Die Kanadagans ist aus N-Amerika nach Europa eingeführt worden (auf Teichen in Parks). Entflogene Gefangenschaftsvögel und ihre Nachkommen brüten heute in mehreren Ländern. Erscheint regelmäßig in Mitteleuropa. Flugruf «ah-honk». Weidet in Sümpfen und Wiesen in Wassernähe, meist im Inland, seltener an der Küste. In der Schweiz sehr selten.

Nonnengans

Im Unterschied zu anderen Gänsen: Gesicht hell, Hals und Brust schwarz, Flügel grau mit schwarzen Bändern

Weiß

Im Flug kontrastreich schwarz und weiß

Schwanz schwarz

Einzige Art mit grauen Flügeln

Fliegt in dichter aber unregelmäßiger Formation

Rahm-farben

Rücken grauschwarz gebändert (vgl. Kanadagans)

Von vorn kontrastreich schwarzweiß

Im Vergleich zu anderen «schwarzen» Gänsen reichlich weiß (Gesicht, Bauch) und grau (Flügel). Juv brauner, verwaschener. Gesellig. Durchzügler und Wintergast (Norddeutschland, Holland) auf feuchten Wiesen, meist in Küstennähe. Stimme heiser, bellend. Ruffreudig beim Auffliegen und auf dem Wasser. Arktischer Brutvogel.

Ringelgans

Die blassen oder weißen Flügelbinden des Juv fehlen dem Ad.

Die weißen Decken lassen nur einen schmalen, schwarzen Saum des Schwanzes erkennen, was sie von den anderen «schwarzen» Gänsen unterscheidet. Sehr dunkel: Kopf und Hals schwarz, Flügel und Rücken dunkelbraun.

Juv

Helle Rasse

Dunkle Rasse

Fliegt oft in ungeordneten Scharen

Dunkle Rasse, Juv

Dunkle Rasse Ad

Helle Rasse

Dunkle Rasse

Der weiße Halsfleck der Ad fehlt den Juv der beiden Rassen.

Helle Rasse

Rein weiß

Dunkle Rasse

Viel Weiß unter dem Schwanz (auffällig in Rückenansicht)

Dunkle Rasse

Schwanz leicht angehoben, entenähnliches Profil

Kleine (stockentengroß), etwas untersetzte Gans. Schnabel, Hals und Schwanz kurz, Flügel relativ lang. Die beiden Rassen unterscheiden sich einzig an der Unterseite. Die Rasse Kanadas und Grönlands ist hellbrüstig, diejenige N-Eurasiens dunkelbrüstig (Übergänge kommen vor). Stark ans Meer gebunden. Weidet in Salzsümpfen oder gründelt entenartig an seichten Stellen. Unbehelligt kann sie recht zahm werden, ist aber meist im Flug oder auf Distanz auf dem Meer zu beobachten. Flug schnell, mit rascheren Flügelschlägen als die anderen Gänse. Wintergast der nördlichen Küsten Mitteleuropas. Brütet in der Arktis an Seen und Tundrasümpfen.

Graugans

Oberseite sehr kontrastreich

Bürzel grau

Weißlich grau

Flügel vorn silbergrau

Hat größten Kopf und Schnabel der «grauen Gänse»

Östl. Rasse

Gefieder graubraun, hell gesäumt

Westl. Rasse

Beide Rassen haben fleischfarbene Beine (vlg. andere Gänse).

Dunkle Flecken (v. a. östl. Rasse)

Größte und schwerste Gans. Im Flug auffällig großer Kopf und dicker Hals. Art mit dem vorne hellsten Flügel. Abflug schwerfällig, langsamer Flügelschlag. Weidet gerne an Land; seltener gründelnd im Flachwasser. Ruf tief «arhang-ang-ang». In Deutschland Brutvogel, Durchzügler und vereinzelt Wintergast. In der Schweiz selten auf dem Durchzug.

Zwerggans / Bläßgans

Gelber Augenring, kürzerer Schnabel und deutlich weiße Stirn unterscheiden Zwerg- von Bläßgans. Juv beider Arten ohne Weiß am Kopf.

Flügel hinten dunkel

Augenring

Stirne weiß

Bürzel dunkel

Zwerggans

Zwerggans

Juv

Schnabelwurzel bei Ad beider Arten weiß, Bauch variabel schwarz gebändert

Grönl. Rasse

Schnabel der Grönl. Rasse orange

Beine orange

Schwarze Streifung variabel

Bläßgans: Mittelgroß. Kopf weniger rundlich, Flügel weniger spitz als Zwerggans. In Deutschland regelmäßiger Durchzügler, im Winter seltener, in der Schweiz sehr selten. Zwerggans: kleiner, Hals kürzer. Mehr Weiß an der Stirn, gelber Augenring. In Deutschland seltener, fehlt in der Schweiz. Beide Arten rufen schrill, beide brüten im hohen Norden.

Saatgans

Schwarz-braun (vgl. Kurz-schnabel-gans)

Vgl. Kopf-, Hals- und Schnabel-form mit Kurz-schnabelgans

N-Europa

Beim Imm blasser

Kopf dunkel

Tundrarasse etwas blasser (Ad und Imm)

Tundra-rasse

Oberseite schwarzbraun, Flügel außen heller graubraun

Kopf wird meist hoch gehalten. Beine orange.

Beine des Imm gelblich

Wenig kleiner als Graugans. Aufrechte Haltung. *Flügel, Hals und Schnabel lang. Kopf und Hals auffällig dunkel.* Flug wirkt eleganter als bei der Graugans, Hals länger. Tritt mit anderen Gänsen auf. Scheu. Ruf lauter und tiefer als Graugans. In Deutschland Durchzügler und Wintergast auf ausgedehnten, störungsarmen Wiesen. In der Schweiz selten (bis 100).

Kurzschnabelgans

Juv

Schnabel kürzer und kleiner als Saatgans

Bürzel heller als Saat- und Bläßgans

Bei einzelnen weiß

Vgl. Hals-form mit Saatgans

Rücken heller und grauer als Saatgans. Helle Federsäume (wirkt gebändert).

Unter-flügel dunkel

Kopf dunkel

Flügel vorne blaugrau

Saatgans

Beine rosa

Kurzschnabelgans

Schnabel schwarz und rosa

Zierliche Gans mit rundlichem Kopf. Kleiner als Saatgans. Diese beiden werden oft als 2 Rassen derselben Art betrachtet. Lebhaft und ruffreudig. Kann in großen Scharen auftreten. Übernachtet auf dem Wasser oder auf Sandbänken. Futtersuche auf Stoppelfeldern und Wiesen. Brütet im Norden, überwintert meist an Küsten (Norddeutschland), sehr selten im Binnenland.

Höcker-, Sing- und Zwergschwan

Höckerschwan: Verbreitet auf Seen, Flüssen und Parkteichen, zuweilen auch am Meer. Auf dem Wasser am Schnabel und dem leicht gebogenen Hals erkennbar. Flügel in Imponierhaltung vom Körper abgehoben. Weidet auf trockenen oder feuchten Wiesen, gründelt im Flachwasser. Die sehr kraftvollen Flügelschläge erzeugen ein singendes Geräusch. Schnarchender Ruf. Standvogel.

Höckerschwan

Höckerschwan Juv

Singschwan: Etwa gleich groß wie Höckerschwan, aber eleganter. Hals gerader, beachte Schnabelzeichnung. Ruft im Flug bezeichnend «huup-a-huup». Kein Fluggeräusch. Wintergast.

Singschwan; Hals schlanker als Zwergschwan

Zwergschwan; Hals kürzer und dicker

Zwergschwan: Kleinste der 3 Schwanarten. Auf Entfernung sind Größe und der kürzere, dickere Hals bezeichnend. Gefieder und Verhalten ähnlich dem Singschwan (vgl. Schnabel), weidet ebenfalls auf dem Land. Lauter bellender Ruf. Ruft seltener. Wintergast (Norddeutschland); in der Schweiz sehr selten.

Singschwan Juv

Zwergschwan Juv

Zwergschwan

Singschwan

Höckerschwan

Höckerschwan: Schnabel
orange, Spitze schwarz.
Schwarz ums
Auge.
♂ Ad mit schwarzem
Höcker als Unter-
scheidungsmerkmal
von anderen Schwänen.

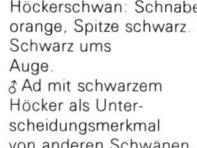

Singschwan

Singschwan: Schnabel
gelb und schwarz; lang
und elegant. Das Gelb
ragt weiter nach vorn
(bis zum Nasenloch)
als beim Zwergschwan.

Zwergschwan

Zwergschwan: Das Gelb
reicht nicht bis zum
Nasenloch (vgl. Singschwan).
Gelber Fleck kann rund-
lich sein, wobei das
Schwarz am First bis zur
Stirn reicht. Große indi-
viduelle Variationen.

Gefieder kann bei
eisenhaltigem Wasser
rötlich werden.

Zwergschwan

Zwergschwan: Gelber
Schnabelfleck kleiner,
rundlicher. Das Schwarz
reicht kaum bis zur
Stirn. Schnabelmitte
leicht eingedällt.

Singschwan Juv

Juv Singschwan: Schna-
bel weiß mit gelbli-
chem Anflug. Kopf weißlich.
Vgl. Schnabelfom des
Zwergschwans, der
leichte Eindällung haben
kann, die dem Sing-
schwan fehlt.

Juv Zwergschwan

Schnabel des Juv Zwergschwan
schwarz, rosa und weiß.
Schnabelmuster variabel.
Kopf bräunlich, oft
blasser ums Auge.

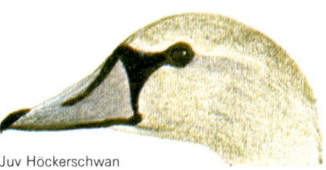

Juv Höckerschwan

Juv Höckerschwan:
Schnabel
im Gegensatz zu den 2
anderen Arten bleigrau und
rosa. Schwarz zwischen
Auge und Schnabel variabel.

Silbermöwe

Ähnlich der Sturm-
möwe aber größer,
Oberseite silber-
grau. Kopf länger,
Schnabel kräftiger,
Kopf im Winter bei
einzelnen stark gestreift.

Winter

Juv kaum von
Juv Herings-
möwe zu
unterscheiden
(vgl. Schwanz)

Bei manchen
Flügelspitzen
Juli–Nov braun,
ohne weißen
Fleck

Flügel im
2. Winter wie
Juv, Rücken
aber silbergrau
wie Ad

Juv

«Jaulende» Silbermöwe,
typische Haltung

Rücken der Mittel-
meerrasse dunkler
grau als britische
Rasse

Rot am
Schnabel

Beine fleischfarben,
außer Mittelmeer- und
Skandinavische Rasse (gelb)

In Küstennähe häufigste und am weitesten verbreitete Großmöwe; an
Klippen, Häfen und Siedlungen. Folgt Schiffen. Größer als Dreizehen-
und Sturmmöwe, die ebenfalls silbergraue Flügel mit schwarzer Spitze
haben. Ad am kräftigeren Schnabel, Körperbau und an der Beinfarbe
von der Sturmmöwe zu unterscheiden. Juv sehr ähnlich der Heringsmöwe, die etwas dunklere Flügel und ein etwas anderes Schwanzmuster
hat. Imm wird vom 2. Lebensjahr an dem Ad mit jedem Federwechsel
ähnlicher (zuerst der Rücken). Flug kräftig aber langsam. Ruf jaulend-
miauend. Brütet in großen Kolonien auf Inseln, teilweise auf Hausdä-
chern. Brütet in Deutschland (Küste), neuerdings auch in der Schweiz
(Einzelpaare). Wintergast.

Sturmmöwe

Silbermöwe
(gleicher Maßstab)

Sturmmöwe

Flügel und Rücken etwas dunkler
blaugrau als Silbermöwe. Hinterrand
des Flügels breiter weiß gesäumt

Gestri-
chelt

Winter

Juv durch grau
und braunen Flü-
gel und dunklen
Schwanz von
Silbermöwe zu
unterscheiden

Flügelspitzen des Imm
braun. Kleiner und
schlanker als Silber-
möwe. Schnabel
feiner, ganz gelblich-
grün (ohne Rot).

Braun

Weiß

Juv ohne deutliche
Kopfstreifen (vgl.
Heringsmöwe)

Beine des Juv fleisch-
farben. Nach dem 2.
Winter grünlichblau wie
bei keiner anderen Möwe sonst.

Dunkel
gefleckt

Sturmmöwe

Juv an Kopf, Flan-
ken und Brust
oft stark gefleckt.
Schnabel rosa- oder
grünlichschwarz.

Sommer

Silbermöwe

Sehr ähnlich der Silbermöwe aber kleiner; Schnabel feiner, Kopf
runder, Flügel länger. Gleich groß und auch ähnlich gefärbt wie Dreizehenmöwe, deren sehr schmale, lange Flügel aber eine ganz schwarze
Spitze haben. *Die Ad Sturmmöwe ist zudem an der gelbgrünen Beinfarbe
zu erkennen.* Flug leicht, etwas wendiger als Silbermöwe; Ruf schriller.
Weniger stark ans Meer gebunden als die Silbermöwe, die seltener
abseits der Küsten auftritt. Brütet in Deutschland vor allem im Norden
in Küstennähe und ist auch im Winter zu beobachten. In der Schweiz seit
1966 Brutvogel (3–5 Paare), Durchzügler und Wintergast (ca. 1500–
2000), hat in den letzten Wintern zugenommen. Die Art ist als Brutvogel
in Ausbreitung begriffen.

Mantelmöwe

Schnabel sehr kräftig, Flügel breit, Kopf markant. Wirkt sehr aggressiv. Rücken meist sehr dunkel, bei einzelnen aber heller als bei den dunkelsten Heringsmöwen.

Beachte Muster des Unterflügels

Kopf fein gestrichelt. (Winter)

Sommer

Juv allgemein blasser als Silber- und Heringsmöwe

Schwanzbinden im 2.–3. Winter schmaler als im Juv-Kleid, Flügel dunkler

3.–4. Jahr

Vgl. Größe des Ad mit anderen Möwen

Beine fleischfarben

Rücken des Juv gröber gefleckt als Silbermöwe

Größte Möwenart mit imposanter Flügelspannweite, neben der die übrigen Arten klein erscheinen. Lebt räuberisch, zur Brutzeit von kleineren Meeresvögeln und deren Jungen (v.a. Sturm- und Papageientaucher). Außerhalb der Brutzeit verfolgt sie vor allem andere Meeresvögel, um ihnen ihre Beute abzujagen. Allein schon durch die Größe zu erkennen, aber auf große Distanz mit der Heringsmöwe zu verwechseln. Rücken und Flügel der Ad dunkler; Juv am Kopf weißer, oben blasser als Juv der Heringsmöwe. Flug wirkt gewichtig, doch die Mantelmöwe ist fähig, verletzte Vögel zu erjagen. Ruft tiefer als die anderen Möwen. Brütet einzeln oder in Kolonien an der W- und NW-Küste Europas. Wintergast, in der Schweiz sehr selten.

Heringsmöwe

Juv dunkler als
Juv Silbermöwe, vor
allem Schwanz, Flügel-
spitze und -hinterrand.
Schlanke Gestalt,
Flügel lang
und schmal.

Oberseite fast iden-
tisch mit der (dunkler
grauen) Mantelmöwe. Vgl.
Größe der Mantelmöwe (ge-
genüber, gleicher Maßstab).

Kopf fein
gestreift
(Winter)

Vgl. Juv mit Juv
Silbermöwe

Juv
Heringsmöwe

Juv
Silbermöwe

Sub-
Ad

1.–2.
Jahr

Juv

Beine des Ad meist gelb,
im Gegensatz zu Mantelmöwe
(fleischfarben)

Brit. Rasse
(Sommer)

Vgl. Britische
und Skandinavische
Rasse (Sommer)

Skand. Rasse
(Sommer)

Etwas kleiner als Silbermöwe, *deutlich kleiner als Mantelmöwe. Flügel relativ schmal und lang. Kopf schlanker.* Die Färbung von Mantel- und Heringsmöwe ist aber doch so ähnlich, daß sie auf Distanz, wenn die Größe schwierig zu beurteilen ist, kaum zu unterscheiden sind. Herings- möwe im Flug schlanker. Flügelspitzen überragen den Schwanz der sitzenden Heringsmöwe deutlicher als bei der Silbermöwe; Färbung ziemlich variabel. Juv gewöhnlich dunkler als Juv Silbermöwe, doch kaum zu unterscheiden. Skandinavische Rasse dunkler als Britische. In Deutschland Brutvogel der Küste, Wintergast. In der Schweiz Winter- gast.

Lachmöwe

Grau

Sommer

Flügel spitzer, Schnabel feiner als andere Möwenarten

Winter

Imm

Aug.–März

Weißes Feld

Ohne Weiß

Vorderrand des Flügels rein-weiß (oben und unten)

Imm

Unterflügel grau

Juv-Kleid wird bis im Okt. des 1. Jahres durch Imm-Kleid ersetzt

Ad im Brutkleid (März–Aug.)

Kappe braun

Imm Sturmmöwe (gleicher Maßstab)

Juv

2. Jahr (Imm)

Schnabel des Imm im Winter orange mit schwarzer Spitze, Beine orange (vgl. Sturmmöwe). Kopf gefleckt.

Ad, Winter: Dunkle Zeichnung hinterm Auge. Schnabel und Beine rot. Weißes Flügelfeld.

Weißes Flügelfeld

Kleinste der häufigen Möwen. Schlank. Flügel spitz. *Einzige Art mit orangen oder roten Beinen und Schnabel* (vgl. aber Seeschwalben). Flügel grau, schwarz und weiß gemustert (beachte weißes Dreieck). *Kopf im Sommer unverkennbar schokoladebraun* (vgl. Schwarzkopfmöwe). Vorderrand des Flügels weiß, auch beim Imm, der an der deutlichen Schwanzbinde vom Ad zu unterscheiden ist. Flug leichter und eleganter als Großmöwen. *Ruft rauh «kwark» oder «kik».* Brütet in Kolonien, in Riedgebieten in der Schweiz (ca. 3000 Brutpaare) und in Deutschland. Wintergast und Durchzügler. Im Binnenland häufigste Möwe im Winter (Schweiz rund 180 000). Im Winter auch auf gedüngten Feldern und frisch gepflügten Äckern.

Dreizehenmöwe

Zeichnung von Juv und Imm ähnlich der kleineren Juv Zwergmöwe. Schwarzes Nackenband und Kopfmuster sind für Dreizehenmöwe bezeichnend.

Breiter weißer Rand

Sturmmöwe

Schmaler weißer Rand

Weiß

Flügel lang und schmal, hinten hellgrau. Die dreieckig schwarze Spitze ist ein bezeichnendes Merkmal.

Vgl. Sturm- und Dreizehenmöwe (gleicher Maßstab, Sommer)

Ad

◄ Federkleid des Juv nützt sich im Winter ab und wirkt im Frühling braun und grau
Schnabel gelb, Beine schwarz, Auge dunkel. Im Winter grauer Fleck hinter Auge.

Dreizehenmöwe, Sommer

Sturmmöwe, Sommer

Stärker ans Meer gebunden als andere Möwen. Aus der Nähe sind die schwarzen Beine und der gelbe Schnabel des Ad bezeichnend. *Im Flug sind Ad und Juv durch schlankere Flügel und deren Zeichnung von der größeren Sturmmöwe zu unterscheiden.* Pickt Nahrung meist im Flug von der Wasseroberfläche auf. Taucht, auch aus der Luft, ähnlich wie Seeschwalben. Fliegt ziemlich rasch mit wenig ausholenden Schlägen. Ruf bezeichnend «*kiti-wike*». Brütet in dichten Kolonien an Felsklippen, teilweise an Gebäuden. Im Inland eher selten zu beobachten (nach Stürmen oder in sehr kalten Wintern). Überwintert meist auf dem Meer. Brütet lokal in Deutschland (Helgoland). In der Schweiz sehr seltener Wintergast.

Zwergmöwe

Hell-
grau

Rücken
braun,
Juli–
Okt

Rauch-
grau

Kopf im Brut-
kleid schwarz
(Lachmöwe
dunkelbraun).
Beine rot

Winter

Imm

Feiner Schnabel und
Beine beim Juv schwarz.
Kleiner als Imm
Dreizehenmöwe, ohne
schwarzes Nackenband.

Ad ohne Zeichnung.
Flügel oben hellgrau,
unten rauchgrau.

Kleinste Möwe, schon allein an der Größe zu erkennen. Flug elegant und leicht. Läßt sich seeschwalbenähnlich gegen das Wasser fallen, um Nahrung aufzupicken. Im Flug unter Seeschwalben leicht zu übersehen. Unterflügel des Juv hell wie Dreizehenmöwe, Rücken aber braun. Wintergast, in der Schweiz eher selten. In Deutschland unregelmäßiger Brutvogel.

Eissturmvogel

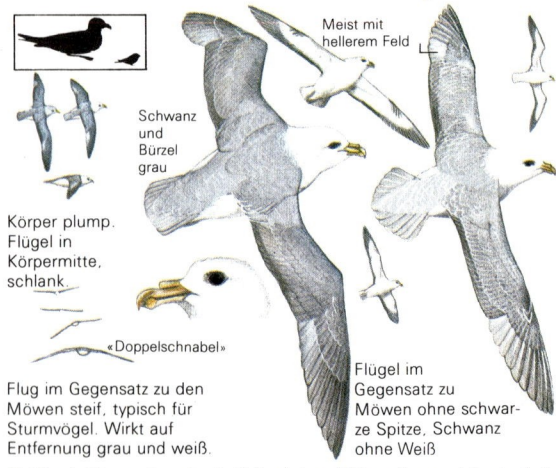

Meist mit
hellerem Feld

Schwanz
und
Bürzel
grau

Körper plump.
Flügel in
Körpermitte,
schlank.

«Doppelschnabel»

Flug im Gegensatz zu den
Möwen steif, typisch für
Sturmvögel. Wirkt auf
Entfernung grau und weiß.

Flügel im
Gegensatz zu
Möwen ohne schwar-
ze Spitze, Schwanz
ohne Weiß

Größe wie Sturmmöwe. An der Schnabel- und Körperform und dem typisch steif wirkenden Segelflug von den Möwen zu unterscheiden. Folgt Schiffen auf der Suche nach Abfällen. Brütet an Felsklippen NW-Europas, teilweise an Gebäuden. Sehr seltener Wintergast an Küsten, überwintert meist auf dem offenen Meer. Röhrenartige Nasenöffnung («Doppelschnabel»).

Imm Eismöwe

Polarmöwe, Winter

Eismöwe (klein)

Silbermöwe

Polarmöwe

Eismöwe (groß)

Vgl. Polarmöwe

Eismöwe, Sommer

Eismöwe, Winter (vgl. Polarmöwe, gleicher Maßstab)

Beachte Kopf- und Schnabelform. Flügelspitzen überragen den Schwanz.

Eismöwe, 2. Sommer

Imm Eismöwe

Polarmöwe

Polarmöwe, 1. Winter

Schnabel gelb und schwarz

Polarmöwe, 3. Winter

Die Ad der beiden Arten variieren in der Färbung von hellgrau bis weiß. Flügel ohne Schwarz, Spitzen immer heller als der restliche Flügel. Die Eismöwe variiert auch in der Größe. Die meisten sind etwa gleich groß wie die Mantelmöwe; einzelne sind kleiner (silbermöwengroß), d.h. gleich groß wie die Polarmöwe, von der sie dann kaum zu unterscheiden sind. Schnabel und Kopf der Polarmöwe schlanker als bei großen und kleinen Eismöwen. Flügelspitzen der Polarmöwen überragen den Schwanz deutlicher. Beide Arten treten in der Schweiz nicht auf. In Deutschland ist die Eismöwe Durchzügler und Wintergast, die Polarmöwe äußerst selten.

Die Spatelraubmöwe kommt in 2 Farbphasen vor (hell, dunkel). Große Variabilität.

Schwarze Kappe

Dunkles Brustband

Helle Phase

Spatelraubmöwe hat weniger Weiß im Flügel als Schmarotzerraubmöwe, weniger als Skuas (Imm dunkle Phase).

Skua

Schwanzspieße fehlen beim Imm Spatelraubmöwe; beim Ad oft abgetragen

Dunkle Phase

Vgl. Skua

Imm

Färbung der Skua kaum variabel. Großer weißer Flügelfleck. Kopf dunkel aber ohne schwarze Kappe wie bei Spatelraubmöwe.

Schwanz relativ kurz (vgl. Spatelraubmöwe)

Skua

Skua, vorn in aggressiver Haltung, hinten beim Angriff im Tiefflug auf Störefried am Nest

Skua verfolgt Baßtölpel

Skua: Größte Raubmöwe. Kräftiger, ziemlich einfarbiger Vogel. Wirkt im Flug wohl schwerfällig, ist aber im Verfolgungsflug sehr gewandt, wenn sie anderen Seevögeln die Beute abjagt. Brütet in Kolonien auf Moorland in NW-Europa; außerhalb der Brutzeit fast immer am Meer. In der Schweiz kaum, in Deutschland nur ausnahmsweise zu beobachten. Spatelraubmöwe: Größe zwischen Skua und Schmarotzerraubmöwe. *Schwanz des Ad unverkennbar*, doch Imm und Juv sind schwierig von der Schmarotzerraubmöwe zu unterscheiden. Regelmäßiger Flug. Durchzügler, Wintergast; in der Schweiz selten zu beobachten.

Schmarotzerraubmöwe

Vgl. Schwanz mit Falkenraubmöwe

Größe des weißen Flügelfeldes variabel

Mittlere Schwanzfedern spießförmig

Juv. dunkle Phase

Helle Phase

Raubmöwe mit variabelster Färbung, von heller bis zu fast ganz dunkler Phase. Braunes Brustband (helle Phase) kann fehlen.

Verfolgt Seeschwalbe

Beim Angriff weitausholender Flügelschlag

Mittelgroße Raubmöwe. Kräftiger Körperbau mit «eckigem» Profil. Schwanzform, Größe und Silhouette bezeichnend. Schnelle Flügelschläge wechseln mit Gleitflug, wirkt deshalb falkenartig. Durchzügler an den Küsten Deutschlands. Tritt in der Schweiz als Durchzügler und im Winter auf, ist aber eher selten zu beobachten.

Falkenraubmöwe

Kopf und Brust grau, dunkel gefleckt

Imm

Vgl. Schwanzspieße mit Schmarotzerraubmöwe

Unterflügel hellgrau, ohne Abzeichen

Dunkle Kappe

Schwanzspieße

Brust des Imm gestreift, Bauch und Unterschwanz weißlich, gebändert. Weißes Flügelfeld (fehlt bei Ad).

Imm

Flügel ohne weiße Zeichnung

Flug leicht und elegant, erinnert an Seeschwalbe

Kleinste, eleganteste Raubmöwe. Flügel länger und schmaler als Schmarotzerraubmöwe, Kopf und Schnabel schlanker. Flug weniger rasant und falkenartig als bei anderen Raubmöwen. Schwanzspieße erreichen erst beim Ad die volle Länge; im 2. Jahr etwa gleich lang wie Ad Schmarotzerraubmöwe. Durchzügler und seltener Wintergast, in der Schweiz selten.

Flußseeschwalbe

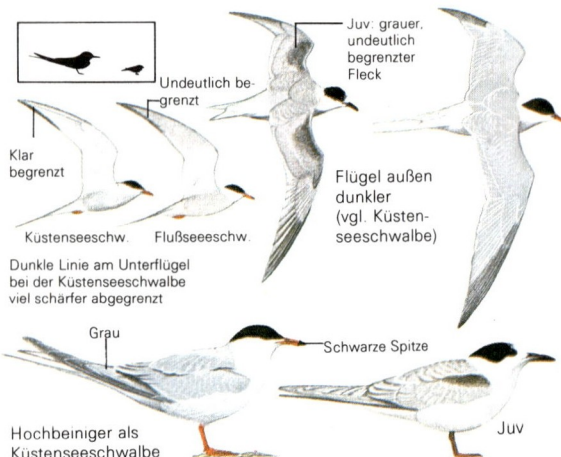

Juv: grauer, undeutlich begrenzter Fleck

Undeutlich begrenzt

Klar begrenzt

Küstenseeschw. Flußseeschw.

Dunkle Linie am Unterflügel bei der Küstenseeschwalbe viel schärfer abgegrenzt

Flügel außen dunkler (vgl. Küstenseeschwalbe)

Grau

Schwarze Spitze

Hochbeiniger als Küstenseeschwalbe

Juv

Sehr ähnlich der Küstenseeschwalbe, *Schnabel jedoch im Sommer orangerot mit dunkler Spitze; Beine länger.* Im Flug wirken nur die innersten Handschwingen durchsichtig (vgl. Küstenseeschwalbe). Stürzt sich aus der Luft ins Wasser nach Fischen (Stoßtauchen). Ruft kratzend «ki-errr». Brütet auf Kiesinseln im Binnenland und an der Küste. Zugvogel (Apr.–Aug.).

Küstenseeschwalbe

Flügel des Ad gleichmäßig grau. Vgl. dunkle Spitze der Flußseeschwalbe.

Federn wirken durchsichtig

Winter

Schwarz

Flußseeschwalbe

Küstenseeschwalbe

Flügel des Juv heller als Flußseeschwalbe

Schnabel blutrot (Vgl. Flußseeschwalbe)

Kurzbeinig

Leicht mit Flußseeschwalbe zu verwechseln. Küstenseeschwalbe im Frühling grauer. *Schnabel im Sommer blutrot, Beine viel kürzer. Zudem wirken alle Handschwingen im Flug durchsichtig* (vgl. Flußseeschwalbe). Flug und Verhalten wie Flußseeschwalbe. Brütet in Kolonien an der Küste; brütet nicht in der Schweiz, Irrgast. In Deutschland bedrohte Art. Zugvogel.

Rosenseeschwalbe

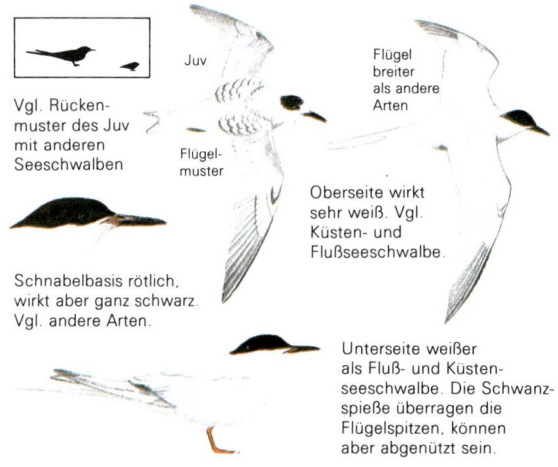

Juv

Vgl. Rücken-
muster des Juv
mit anderen
Seeschwalben

Flügel-
muster

Flügel
breiter
als andere
Arten

Oberseite wirkt
sehr weiß. Vgl.
Küsten- und
Flußseeschwalbe.

Schnabelbasis rötlich,
wirkt aber ganz schwarz.
Vgl. andere Arten.

Unterseite weißer
als Fluß- und Küsten-
seeschwalbe. Die Schwanz-
spieße überragen die
Flügelspitzen, können
aber abgenützt sein.

Leicht mit Fluß- und Küstenseeschwalbe zu verwechseln, *wirkt aber viel weißer. Schnabel schwarz, Flügel breiter und kürzer.* Flügelunterseite ohne dunklen Saum. Flügelschläge weniger ausholend. *Ruft kreischend «haak» oder «tschewik».* Im Frühling ist die Unterseite leicht rosa überflogen. Umherstreifend. Brütet in Großbritannien, N-Frankreich.

Zwergseeschwalbe

Steht vor dem Stoßtau-
chen mit wirbelnden Flügelschlägen in der Luft, Kopf
nach unten gerichtet. Plump.
Kopf relativ groß, Schwanz
wenig gegabelt.

Schwarze Linie von
Augen zu Schnabel
(Frühling)

Schwarz im Gesicht
nützt sich im
Frühling ab.

Kleine Seeschwal-
be mit eckigem
Profil. Am Kopfmuster,
dem gelben Schnabel
mit dunkler Spitze
und den gelben Beinen
zu erkennen.

Eindeutig kleinste Seeschwalbe. Flügel lang, oft gewinkelt. Keine Schwanzspieße. *Von Nahem ist der gelbe Schnabel bezeichnend,* aus der Entfernung der hastige, oft durch Rütteln unterbrochene Flug. *Ruf scharf «kit-kit» und krächzend «krii-ik».* Brütet an den Küstenregionen Europas, in Deutschland bedrohte Art. In der Schweiz selten, nur außerhalb der Brutzeit.

Brandseeschwalbe

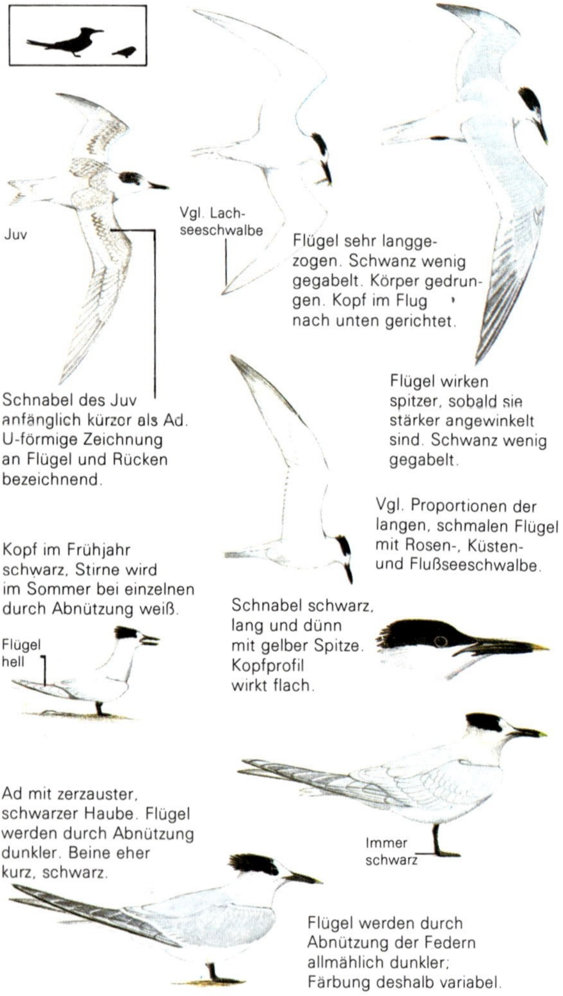

Juv

Vgl. Lachseeschwalbe

Flügel sehr langgezogen. Schwanz wenig gegabelt. Körper gedrungen. Kopf im Flug nach unten gerichtet.

Schnabel des Juv anfänglich kürzer als Ad. U-förmige Zeichnung an Flügel und Rücken bezeichnend.

Flügel wirken spitzer, sobald sie stärker angewinkelt sind. Schwanz wenig gegabelt.

Kopf im Frühjahr schwarz, Stirne wird im Sommer bei einzelnen durch Abnützung weiß.

Vgl. Proportionen der langen, schmalen Flügel mit Rosen-, Küsten- und Flußseeschwalbe.

Flügel hell

Schnabel schwarz, lang und dünn mit gelber Spitze. Kopfprofil wirkt flach.

Ad mit zerzauster, schwarzer Haube. Flügel werden durch Abnützung dunkler. Beine eher kurz, schwarz.

Immer schwarz

Flügel werden durch Abnützung der Federn allmählich dunkler; Färbung deshalb variabel.

Eine der größten Seeschwalben. *Erkennbar am langen, immer schwarzen Schnabel mit gelber Spitze, der ausgefransten Kopfhaube, den schwarzen Beinen und den langen, oft gewinkelten Flügeln.* Wirkt weißer als Fluß- und Küstenseeschwalbe. Fliegt mit kraftvolleren Schlägen als die kleineren Arten. Typische Flügelproportionen (langer «Arm»). Taucht aus der Luft nach Fischen (hauptsächlich Sandaale). *Stimme bezeichnend, laut «ski-rik».* Ruft im Flug aufgeregt, wenn sie Beute im Schnabel trägt. Brütet in Kolonien in Küstennähe. Inselartige Brutvorkommen. In Deutschland seltener und bedrohter Brutvogel. In der Schweiz selten, umherstreifend.

Trauerseeschwalbe

Körper im Brutkleid schwarz, Unterflügel grau

Sommer

Fleck

Sommer

Imm

Ad an grauen Flügeln und Schwanz erkennbar

Winter

Im Winter am grauen Fleck an der Halsseite, im Sommer am schwarzen Kopf und den grauen Fleck Flügeln zu erkennen

Juv an den dunklen Flügeln und Rücken erkennbar

Imm

Fleck

Sommer

Fliegt über dem Wasser und pickt Insekten von der Oberfläche auf (kein für die anderen Seeschwalben typisches Stoßtauchen). *Kopf und Körper im Sommer fast ganz schwarz, Flügel grau.* Juv im Winter am Halsfleck und der dunklen Kappe erkennbar. Schwimmt selten. Brutvogel an wenig tiefen Binnengewässern, Sümpfen; in der Schweiz nur außerhalb der Brutzeit.

Weißflügelseeschwalbe

Sommer   Winter

Trauerseeschwalbe (Winter)

Juv, Winter

Sommer   Juv, Herbst

Winter

Kappe des Ad im Winter fleckig (vgl. Trauerseeschwalbe)

Unterschiede in Schnabelform und Länge auf Distanz erkennbar. Beachte schwarz-weißes Kopfmuster.

Körper im Sommer schwarz, Flügel oben fast rein weiß. Juv im Herbst: rechteckiger, brauner Rückenfleck, Bürzel weiß.

Brütet wie Trauerseeschwalbe in sumpfigen Flachwässern. Unverkennbar schwarz und weiß. *Schwanz und Schnabel kürzer als Trauerseeschwalbe, Flügel breiter. Im Winter am kürzeren Schnabel und dem hellen Unterflügel erkennbar,* gleicht aber der Weißbartseeschwalbe. Brütet in SO-Europa, im Norden umherstreifend. Überwintert in Afrika. Seltener Durchzügler.

Meeresvögel

Winter

Winter

Weiß

Grau

Gelb

Vgl. Hals-
länge

Brandsee-
schwalbe

Brandsee-
schwalbe

Vgl. Größe
des dunklen
Feldes, sie
variiert aber
bei beiden!

Dunkle Linie
(vgl. Brandseeschwalbe)

Rundbäuchig

Winter

Brutkleid

Beine ziem-
lich lang

Lachseeschwalbe: Fast
gleich groß wie Brandsee-
schwalbe. Schnabel kurz,
massig und schwarz. Hals
kurz. Flügel breiter;
Schwanz kürzer, oben
grau, nicht weiß; leicht
gegabelt. Wirkt von der
Seite möwenartig rund-
bäuchig. Jagt Insekten
über dem Land, taucht
selten. In Deutschland
Durchzügler, unregel-
mäßiger, bedrohter Brut-
vogel; in der Schweiz
seltener Durchzügler.

Schwanz
nicht
gegabelt

Weiß

Schwache
Flügelbinde

Russig
schwarz
(durch Ab-
nützung
brauner)

Feine Linie
(kaum erkennbar)

◄ **Sturmschwalbe:** Winziger Meeres-
vogel. Weißer Bürzel und weiße
Zeichnung am Unterflügel bezeich-
nend (nicht immer erkennbar).
Schwanz gerade, Flügel lang.
Flatternder, langsamer Flug
knapp über dem Wasser (auf dem
Zug schneller). Rennt übers Wasser.
Immer auf dem Meer, zur Brutzeit
an Küsten (Großbritannien,
Mittelmeer).

Wellenläufer: Größer als Sturmschwalbe. ►
Lange Flügel und langer Gabelschwanz
ergeben typisches Profil. Bürzel weiß
mit feiner, schwarzer Trennlinie. Hellere Flügelpartien. Unregelmäßig hüpfender Flug
mit kurzen Gleitphasen. Immer auf dem
Meer, zur Brutzeit an Küsten (Schottland).

Winter

Schwanz
länger

Tordalk

Winter

Sommer

Krabbentaucher: Kleinste
◄ Alke, nur handgroß.
Wirkt auf dem Wasser kurz,
plump und kurzhalsig. Flü-
gelspitzen überragen den
Schwanz (vgl. Tordalk).
Weiße Rückenstreifen be-
zeichnend (vgl. Tordalk, v.a.
Juv). Schnabel winzig.
Kräftiger, wirbliger Flug.
Überwintert auf hoher See.
Nach Stürmen in Küstennähe.

Raubseeschwalbe: Sehr groß (wie Silbermöwe). Sehr kräftiger, orangeroter Schnabel. Kappe weiß gefleckt bis schwarz. Kurzer, wenig gegabelter Schwanz. Flügel möwenähnlich proportioniert. Kraftvoller Flug. Stoßtauchen wie andere Seeschwalben. Tiefer, krähenähnlicher Ruf. In Deutschland Durchzügler, unregelmäßiger Brutvogel. In der Schweiz selten, brütet nicht.

Dunkel

Schnabel sehr kräftig

Je nach Abnützung grau bis dunkel

Beine schwarz

Außerhalb Brutzeit

Schwarzkopfmöwe: Ähnlich der Lachmöwe aber größer. Kopf und Schnabel kräftiger, Flügel breiter. Flügel des Ad weiß, Kopf im Sommer bis zum Nacken schwarz. Meist am Meer, seltener im Binnenland. Seltener Brutvogel und Wintergast; Durchzügler.

Winter

Juv

Sub-Ad

Schwarz

Graues Feld (vgl. Sturmmöwe)

Dunkel

Dunkelgrau

Flügel weiß

Sommer

Kopf schwarz

Heller Augenring

Wangen weiß

Schwarz

Weißbartseeschwalbe: Flachwassersümpfe. Im Sommer kontrastreich mit schwarzer Kappe, weißem Wangenstreif und dunkelgrauer Unterseite. Oberseite perlgrau. Im Winter kaum von Weißflügelseeschwalbe zu unterscheiden. In Deutschland und der Schweiz selten, brütet nicht.

Schwanz wenig gegabelt

Sommer

Winter

185

Schwarzschnabel-Sturmtaucher

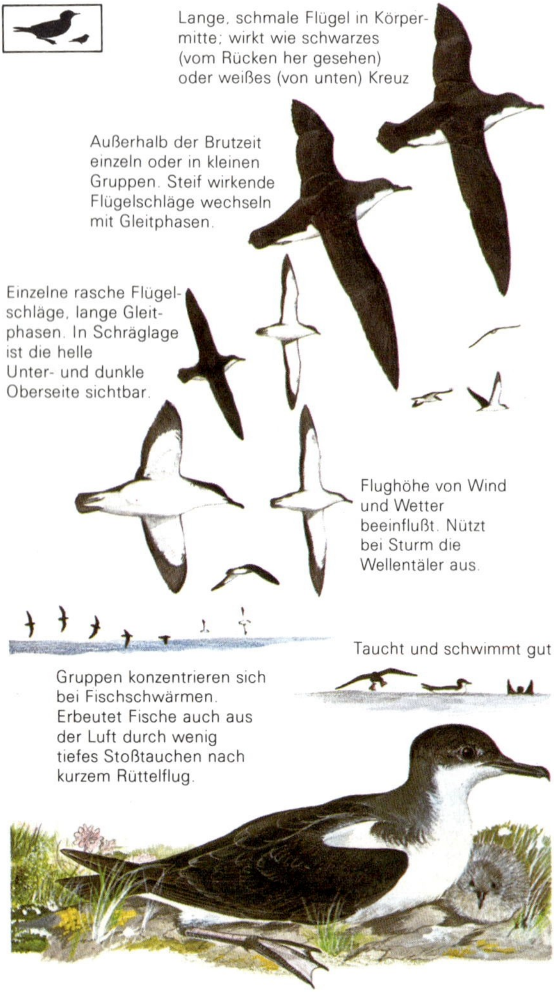

Lange, schmale Flügel in Körpermitte; wirkt wie schwarzes (vom Rücken her gesehen) oder weißes (von unten) Kreuz

Außerhalb der Brutzeit einzeln oder in kleinen Gruppen. Steif wirkende Flügelschläge wechseln mit Gleitphasen.

Einzelne rasche Flügelschläge, lange Gleitphasen. In Schräglage ist die helle Unter- und dunkle Oberseite sichtbar.

Flughöhe von Wind und Wetter beeinflußt. Nützt bei Sturm die Wellentäler aus.

Gruppen konzentrieren sich bei Fischschwärmen. Erbeutet Fische auch aus der Luft durch wenig tiefes Stoßtauchen nach kurzem Rüttelflug.

Taucht und schwimmt gut

Meeresvogel. Fliegt in großen Scharen knapp über dem Meer. Steigt und fällt bei frischem Wind über den Wellen. Wirkt bei schnellen Wendemanövern wie *aufblinkend schwarzes und weißes Kreuz*. Im Flug an Form und Färbung und den *steif wirkenden Flügelschlägen* erkennbar. Legt bei der Futtersuche über dem offenen Meer große Strecken zurück. Kommt nur zur Brutzeit an Land; brütet in Erdlöchern, meist auf Inseln in Küstennähe. Kommt nachts zum Nest, um den Möwen zu entgehen. Verrät sich dann durch laute, unheimlich krächzende Rufe. Brütet zu tausenden in großen Kolonien auf Mittelmeerinseln, an der Westküste Großbritanniens, in der Bretagne und auf Island. Verirrt sich sehr selten ins Binnenland.

Tordalk

Im Winterkleid und eiligen Flug knapp über dem Meer gleicht er der Trottellumme.

Schokolade-braun

Juv im Winter

Sommer

Winter

Sommer

Sommer

Taucht von der Oberfläche

Schnabel kurz und hoch. Kopf massig. Hals kurz und dick. Gefieder russig schwarz und weiß. Spitzer Schwanz und lange Flügelspitzen bei der Silhouette auf dem Wasser und beim Untertauchen sichtbar. Liegt hoch auf dem Wasser. Brütet in Kolonien an der Küste, oft zusammen mit Trottellummen; Großbritannien, Frankreich, Skandinavien.

Trottellumme

Typische Flug-bilder im Winter über dem Meer

Kopf schoko-ladebraun

Sommer

Vgl. Kopf und grauen Rücken mit Tordalk

Vgl. Körpergröße, Sommerkleider

Tordalk   Trottellumme   Papageientaucher

Sommer   Winter

Stellenweise häufigste Alkenart. *Wenig größer als Tordalk mit dolchför-migem Schnabel.* Rasse Großbritanniens hat graue Oberseite. Die nördl. Rasse, die mit der brit. überwintern kann, ist so schwarz wie der Tordalk und ist am besten an der Form erkennbar. Fliegt schnell, knapp über dem Meer. Wirbelnder Flügelschlag. Verbreitung wie Tordalk.

«Ringellumme», Sommer

«Ringellumme», Sommer

«Ringellumme», Winter

Sommer

«Ringellumme»: Variante der Trottellumme; häufiger im Norden

Herbst

Dickschnabellumme

Sommer

Juv

Unterflügel im Sommerkleid weiß, oben großes weißes Feld

Beine rot

Beine gelb

Sommer

Winter

Kleiner als Trottellumme. Im Sommerkleid unverkennbar schwarz mit weißem Flügelfeld. Im Winterkleid an der Form und der *helleren Oberseite zu erkennen.* Meist auf dem Meer oder an Felsklippen zu beobachten. Brütet in Felslöchern an den Küsten Nordeuropas, Großbritanniens, in Irland und Grönland; in kleineren Gruppen als andere Lummen.

Papageientaucher

Findet sich auch auf stürmischer See zurecht. Rennt vor dem Auffliegen über das Wasser.

Fliegt schnell mit raschen Schlägen

Gesicht und bunter Schnabel bezeichnend

Juv

Winter

Sommer

Beachte Schnabel

Kleiner Meeresvogel. Schnabelform und untersetzter schwarzweißer Körper bezeichnend. Schnabel wechselt im Winter Form und Farbe. Fliegt trotz seiner plumpen Form schnell, meist niedrig über dem Wasser. Liegt hoch auf dem Wasser. Vorzüglicher Taucher. Brütet in Erdlöchern auf Inseln und Küsten Nordwesteuropas. Überwintert auf dem Meer.

Krähenscharbe

Gefieder des Ad im Brutkleid schwarz bis flaschengrün schillernd. Haube wird oft gesträubt. Winterkleid brauner, ohne Haube.

Im Brutkleid gelbe Schnabelwurzel

Typische Ansicht im Brutkleid mit gesträubter Haube. Schnabel schmal.

Imm Kormoran

Imm Krähenscharbe

Schnabel der Krähenscharbe schlanker, Kopf rundlicher

Unterseite des Imm bräunlich, fleckig. Der Imm Kormoran hat Weiß im Bauchgefieder.

Kormoran (Mitte) und Krähenscharbe (links) strecken ihre Flügel zum Trocknen.

Beide Arten fliegen oft knapp über dem Wasser und landen unbeholfen. Krähenscharbe öfters einzeln; Flügelschlag hastiger.

Krähenscharbe wirkt auf dem Wasser dunkel.

Kormoran

Weiß

Krähenscharbe taucht mit einem Satz.

Stockentengroßer, aus der Entfernung scheinbar schwarzer Meeresvogel. Charakteristisches Profil im Flug und auf dem Wasser. Stärker ans Meer gebunden als der Kormoran. Meist auf offener See zu beobachten, während sich der Kormoran gerne in Küstennähe und an Flußmündungen aufhält. Kommt nach Stürmen selten ins Inland. *Kleiner als Kormoran; Hals und Schnabel schlanker.* Glatter Körper. Vorzüglicher Taucher, der weite Strecken unter Wasser zurücklegen kann. Brütet an Felsklippen und in Spalten an den Küsten Nord-, West- und Südeuropas, fehlt aber in Deutschland als Brutvogel. Auch als Wintergast eher selten. Kommt in der Schweiz nicht vor.

Kormoran

Größer als Krähenscharbe. Flügel länger. Kommt auch im Inland vor. Fliegt oft sehr hoch.

Imm

Südl. Rasse (Festlandeuropa) im Brutkleid mehr Weiß am Kopf

Im 2. Winterkleid hat Imm erst wenig Weiß am Kopf. Vgl. die gelben Schnabelpartien mit denjenigen der Imm Krähenscharbe.

Kinn weiß

Trocknet Flügel auch auf dem Wasser. Vgl. Stellung mit Krähenscharbe.

Oberseite im Brutkleid bronzefarben, Unterseite blauschwarz schillernd. Weiße Partien.

Weiß, nur im Brutkleid

2. Winter

Flug etwas steif. Hals leicht geknickt. Profil wirkt urtümlich.

Frißt große Fische nach dem Auftauchen

Imm

Krähenscharbe

Kormoran

Profile sehr ähnlich. Vgl. Schnabel und Kopf

Imm Kormoran

Krähenscharbe

Gänsegroß. Eigenartiges Aussehen. Sitzt in aufrechter Haltung auf Pfählen, Bäumen oder Felsen. Flug schnell, oft niedrig über dem Wasser. *Ad von der Krähenscharbe an Größe und weißen Gesichtspartien zu unterscheiden.* Juv und Imm sehr variabel, schwieriger zu erkennen, doch hat der Kormoran eine weißliche Unterseite. Flug und Verhalten der beiden Arten sehr ähnlich, beide brüten gesellig in Kolonien. Beide an der Küste, die Krähenscharbe fehlt aber im Inland, wo der Kormoran auf Seen und Flüssen auftritt. Brütet auf Felsen und Bäumen; heute in Deutschland viel seltener (bedrohter Brutvogel); brütet nicht in der Schweiz (wenige Übersommerer). In beiden Ländern Durchzügler und Wintergast.

Bläulicher, dolchförmiger Schnabel und rahm-farbener Kopf des Ad charakteristisch

Wirkt im Flug über dem Meer rein weiß (weißer als Möwen). Flügelspitzen des Ad schwarz.

Weißes V (nützt sich ab).

Flugprofil kreuzförmig. Flügel sehr lang, spitz auslaufend.

Juv

Juv

Vom Wasser auffliegender Ad

Wechselt innert 4 Jahren ins weiße Ad-Kleid. Fleckiges Aussehen in den Übergangskleidern.

Juv: heller Bauch auffällig

Kopf des Juv

Stürzt sich aus bis zu 30 m Höhe mit angewinkelten Flügeln senkrecht ins Meer, dreht sich unter Wasser, um Fische nahe der Oberfläche zu fangen.

Imm

Größter europäischer Meeresvogel. Unverkennbar schwarz und weiß.
Meist im Flug über dem Meer auf Futtersuche; ruht nur kurz nach dem Tauchen. Von der Küste aus zu beobachten, meist weit draußen über dem Meer. Fliegt oft über lange Strecken niedrig über den Wellen oder in großer Höhe der Küstenlinie folgend. Flügel meist leicht gewinkelt. Gleitet oft nach wenigen weitausholenden Flügelschlägen. Nur aus-nahmsweise über dem Land zu sehen (nach sehr starken Stürmen). Brütet in riesigen Kolonien in Nordwest-Europa: Island, Irland, Groß-britannien. Auf dem Festland Europas nur wenige Kolonien (Frank-reich, Norwegen). In Deutschland selten zu beobachten (Helgoland), kein Nachweis aus der Schweiz.

Worauf ist zu achten?

OBERSEITE

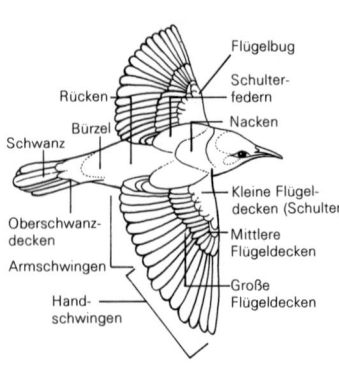

Flügelbug
Schulterfedern
Rücken
Nacken
Bürzel
Schwanz
Kleine Flügeldecken (Schulter)
Oberschwanzdecken
Mittlere Flügeldecken
Armschwingen
Große Flügeldecken
Handschwingen

UNTERSEITE

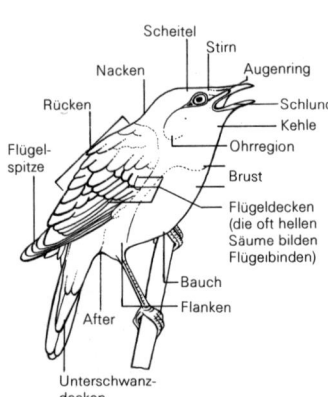

Scheitel
Stirn
Nacken
Augenring
Rücken
Schlund
Kehle
Flügelspitze
Ohrregion
Brust
Flügeldecken (die oft hellen Säume bilden Flügelbinden)
Bauch
After
Flanken
Unterschwanzdecken

Größe: Vergleich mit bekannten Arten

Kopf: Form, Färbung, Haube

Schnabel: Größe, Form, Farbe

Oberseite: Gefleckt, gebändert, einfarbig

Unterseite: Gefleckt, gebändert, einfarbig

Flügel: Länge (Vergleich mit Schwanz), Breite, Musterung von Ober- und Unterseite (Flügelbinden)

Schwanz: Form, Länge, Farbe

Beine: Länge, Farbe

Bewegung: Flug: Schnell, mittel, langsam, geradlinig, wellenförmig Am Boden: Geht, hüpft, rennt, watet, schwimmt, taucht

Gesang/Rufe: Wiederholt, einsilbig, rauh, melodiös

Ort

Biotop (Lebensraum)

Jahreszeit

Literatur: Hallwag TB 3, Unsere Vögel, C.A.W. Guggisberg

Bestimmungsbücher: Pareys Vogelbuch, H. Heizel, R. Fitter & J. Parslow, 1972. Parey Verlag, Hamburg und Berlin. 255 farbige Einzeldarstellungen und 585 farbige Verbreitungskarten der Vögel Europas, Nordafrikas und des Mittleren Ostens.

Brutbiologische Angaben: Die Brutvögel der Schweiz, U.N. Glutz von Blotzheim, 1962.
Schweizerische Vogelwarte Sempach.
Verbreitungsatlas der Brutvögel der Schweiz,
A. Schifferli und andere, 1980. Schweizerische Vogelwarte Sempach.

Fachliteratur: Handbuch der Vögel Mitteleuropas, U.N. Glutz von Blotzheim & K.M. Bauer, 1966–77, Vol. 1–7 (wird fortgesetzt). Akademische Verlagsgesellschaft Frankfurt am Main/Wiesbaden.